在思考中行走

徐相瑞 著

河南文艺出版社

·郑州·

图书在版编目（CIP）数据

在思考中行走/徐相瑞著. --郑州:河南文艺出版社，
2023.3

ISBN 978-7-5559-1465-5

Ⅰ.①在… Ⅱ.①徐… Ⅲ.①教育-文集 Ⅳ.①G4-53

中国国家版本馆 CIP 数据核字（2023）第 028506 号

责任编辑　　张　阳
书籍设计　　张　萌
责任校对　　殷现堂　张英方

出版发行	河南文艺出版社	印　张	13.5
社　　址	郑州市郑东新区祥盛街 27 号 C 座 5 楼	字　数	200 000
承印单位	郑州市毛庄印刷有限公司	版　次	2023 年 3 月第 1 版
经销单位	新华书店	印　次	2023 年 3 月第 1 次印刷
纸张规格	700 毫米 × 1000 毫米　1/16	定　价	48.00 元

印厂地址　郑州市惠济区清华园路
邮政编码　450044　　电话　0371-63784396

尽力而为还不够（代序）

一天，在美国西雅图的一所著名教堂里，德高望重的牧师戴尔·泰勒向他的学生讲了这样一个故事：

一年冬天，猎人带着猎狗去打猎。猎人一枪击中了一只兔子的后腿，受伤的兔子拼命地逃生，猎狗在其后穷追不舍。可是追了一阵子，兔子跑得越来越远了。猎狗知道实在是追不上了，只好悻悻地回到猎人身边。猎人气急败坏地说："你真没用，连一只受伤的兔子都追不到！"猎狗听了很不服气地辩解道："我已经尽力而为了！"

兔子带着枪伤成功地逃生回家了，兄弟们都围过来惊讶地问它："那只猎狗很凶呀，你又带了伤，是怎么甩掉它的呢？"

兔子说："它是尽力而为，我是竭尽全力呀！它没追上我，最多挨一顿骂，而我若不竭尽全力地跑，可就没命了！"

猎狗为了完成猎人给的任务，只是在"尽力而为"，适可而止；而受伤的兔子为了"活命"则不惜"竭尽全力"，背水一战。

这个故事至少让我们理解了"尽力而为"和"竭尽全力"的含义。

"尽力而为"指为了一个目标而努力，但不以得到最好的结果为前提，很自然让我们与"留有余地"相提并论；同样也是为了一个目标而努力，

"竭尽全力"则是激发自己全部的潜能，用尽自己的全部力量和智慧，达到一个最好的结果，很容易让我们和"挑战极限"联系起来。"尽力而为"是一种努力尝试的心态，其目的是完成任务，"竭尽全力"是一种破釜沉舟的精神，所承受的是生命的沉重。很多时候，"尽力而为"是一种无意识的被动状态，似乎很忙、很用心、很尽力，其实不然。而前者，正如我们在工作和生活中常常自我安慰一样：世上很多事都不是人为左右得了的，我已经尽力而为了。这话听起来很上进、很用心、很努力，事实上却是一种无意识的被动状态，努力而留有余地。潜意识里认为：无论成功与否，只要尽力而为就行。久而久之，"尽力而为"逐渐成了我们掩饰失败的借口。长此以往，我们的诚实和自信、我们的热情和主动、我们的责任和使命、我们的勇气和豪气，也在不经意间被这一借口慢慢地蚕食殆尽。

"没有任何借口"是美国西点军校奉行的最重要的行为准则，是其传授给每一位新生的第一个理念。它要求每一位学员竭尽全力去完成任何一项任务，而不是为没有完成任务去寻找借口，哪怕看似合理的借口。与"尽力而为"相反，"竭尽全力"却是一种有意识的主动状态。一个竭尽全力的人，不会为任何失败寻找开脱的借口，不会为所要达到的目标寻找任何退路，他会拿出破釜沉舟的勇气同一切困难与阻碍殊死搏斗，因为没有退路，于是绝处逢生，创造出难以想象的突破。尽力而为，最多发挥一个人80%的潜能，而全力以赴却可以发挥出一个人120%的潜能。健康的猎狗没有追上受伤的兔子，是因为猎狗只是尽力追赶，而兔子虽然受了伤，但为了逃命竭尽全力地奔跑，结果跑出了超出平常能力范围的速度。

这个故事告诉我们：尽力而为只是慰己欺人，竭尽全力方能叩开成功之门。要想成功，仅仅做到尽力而为还远远不够，必须竭尽全力才行。

是为序。

徐相瑞

目 录

思。教育

思 · 成长

思・教育

做好学生生命中的"重要他人"

生命中，总会遇见形形色色的人。在我们走进他们生命的同时，他们也走进了我们的生命里，不管彼此愿不愿意。

心理学有一个"重要他人"的概念，是指一个人在人格形成及融入社会的过程中对自己具有重要影响的人。幼年时期的父母、童年时期的老师、少年时期的同伴以及成年时期的恋人，分别是人一生中的四个"重要他人"。

由此可见，教师，尤其是小学教师在学生成长过程中充当着多么重要的角色！美国教育心理学家古诺特博士曾说："在经历了若干年的教师工作之后，我得到了一个令人惶恐的结论：教育的成功和失败，'我'是决定性因素，我个人采用的方法和每天的情绪是造成学习气氛和情境的主因。身为老师，我具有极大的力量，能够让孩子们活得愉快或悲惨，我可以是制造痛苦的工具，也可以是启发灵感的媒介，我能让人丢脸也能让人开心，能伤人也可以救人。"

无独有偶，作家毕淑敏小学时也有一段类似的经历：音乐教师发现她唱歌跑调，把她从合唱团开除了。后来，老师迫于人数太少又把她召回来，却让她只张嘴不出声，致使她不但再也不敢开口唱歌，就连当众演讲和出席会议做必要的发言，也是能躲则躲，找出种种理由推托搪塞。

小学阶段我数学成绩不太好，升入初中后，也许看我听课比较专心，代数老师格外喜欢我，每次上课，总是微笑地注视着我，就像是讲给我一个人听似的。于是，我总感觉不努力学好代数就对不起代数老师的格外关注，每次代数课都听得格外专注，作业也格外认真，代数成绩也一跃成为班级优秀。

《资治通鉴》中有一句颇为耐人寻味的话叫"经师易得，人师难求"。意思是说，能以其精湛的专业知识传授他人（做经师）并不难，而能以其渊博的学识、高尚的人格修养去教人如何做人（做人师）就不那么容易了。作为老师，我们也是凡夫俗子，我们对学生的影响并不全是积极正面的。但如果我们都能意识到自己是学生生命中的"重要他人"，对学生一生有着重要影响，那么无疑会有意识地校正自己的教育行为，多给学生积极的鼓励和暗示，做好学生成长的引路人。否则，稚嫩的童心一旦被有意伤害，是难以用时间的橡皮轻易擦去的。

当我们理解了这一切之后，才会对自己的教师角色有着更加深厚、更为宽广的认识：我们给予学生的，不仅是知识，还有生命的烙印。这些烙印，悄悄地隐藏在老师的一个眼神里、一句话语里、一个动作中，在将来的某个时刻，它会跳出来，或成为学生人生道路上金色的风帆，或成为人生路上晦暗的荆棘。

孩童时期，老师就是孩子们心中的"神"，老师的话就是圣旨，老师的行为就是典范。世界著名的演说家、教育家、作家利奥巴斯利亚说过："我们经常低估一次触摸、一个微笑、一句暖心话的力量，一双倾听的耳，一句诚实的赞扬，抑或一个微乎其微的关爱之举，这些善行都有可能改变一个生命。"不要低估自己的力量，那些"听""说""关注"等并非了不起的事情，也可能在细微之处彰显爱的伟大，甚至改变一个生命！作为老师，我们要谨慎小心地面对孩子稚嫩的心灵，用我们的爱心、鼓励和信赖，去影响学生的生命轨迹。面对学生，我们的眼神应该是一种期待、一份信任、一份宽容。这样，师生才能共同成长，才能互相成为彼此生命中的"重要他人"。

　　亲爱的老师，让我们都做好学生生命中的"重要他人"！

"卖糖哲学"的启示

"一个小孩到商店里买糖，总喜欢找同一个售货员。因为别的售货员都是先抓一大把，拿去称，再把多了的糖一颗一颗拿走。但那个比较可爱的售货员，则每次都抓得不足重量，然后再一颗一颗往上加。虽然最后拿到的糖在数量上并没有什么差别，但小孩就是喜欢后者。"这就是人常说的"卖糖哲学"，它告诉我们：同样的付出，仅仅因为方法不同，其效果是不一样的。

常常听到有些老师抱怨，自己为学生付出了那么多，却总是没有收获。那么，读了"卖糖哲学"的故事，我们是否应该反思一下：付出时，我们的方法是否得当？

实际上，教育也像秤上的糖，采取的方式不同，收到的教育效果也截然不同。

忽然想起了两个故事，一个是我国著名语言学家、作家、翻译家季羡林的故事，一个是我一位年长的同事的故事。

1926年，十五岁的季羡林从正谊中学毕业，考入了设在北园白鹤庄的山东大学附属高中文科班。

当时，王崑玉是季羡林的国文老师，喜欢"桐城派"，家学渊源，学富五车。在一堂国文课上，王崑玉选讲了明代袁中郎的《徐文长传》，然后出了一个题目："读《徐文长传》书后"。季羡林从小在叔父的教导下，一直用文言文写文章，自觉没什么新奇，只求能应付作业。可没有想到，王崑玉对季羡林的这篇文章大加赞赏，评曰："亦简劲，亦畅达。"还把这篇文章定为全班的压卷之作。这意外的收获鼓舞了季羡林，激起了他学习的劲头。从此，季羡林对古文便产生了浓厚的兴趣。他自己设法找来了《韩昌黎集》《柳宗元集》，以及欧阳修、"三苏"等大家的文集，认真地作了一番研究。很快，他的古文水平就有了长足的进步。王崑玉也因此更加赏识季羡林，季羡林也因此更加用功。如此良性循环之下，季羡林前两个学期考试连续"甲等第一名"，平均分超过 95 分。因此，受到山东大学校长王寿彭先生的嘉奖，亲笔写了一副对联（才华舒展临风锦，意气昂藏出岫云。题头是：羡林老弟雅察）和一个扇面（上面写了清代诗人厉鹗的一首诗）。这件事对学生来说可是非同小可，是个极大的荣誉与鼓励。为了保持这个荣誉，就必须更加努力。因此季羡林一改以往贪玩、顽皮的性情，把全部心思都用在了学习上。高中三年六次考试，他考了六个"甲等第一名"，成了名副其实的"六连冠"。

正如季羡林自己所言："我有意识认真用功，是从这里开始的。"确切地说，是这里的赏识和鼓励让季羡林开始认真用功，以至于成为"大家"的。

王老师是我十几年前的一个同事，现在已经退休了。她是一个数学老师，标准的女中音，上课声音特别好听。有一次我忍不住问她："王老师，您嗓子这么好，唱歌一定很好听。可是我怎么从来没听您唱过歌呢？"谁知，就这么一问，竟勾起了王老师上小学时的一段刻骨铭心的伤心事。

小学时的一节音乐课上，音乐老师检查同学们歌曲学得怎么样，她非常踊跃，把手举得高高的，老师还真的点名让她来唱。也许是太激动，也许是太紧张，她唱得稍微有些跑调。谁知，这位老师竟嘲讽地勾起嘴角，非常不耐烦地说："哎呀！就这水平，手还举得那么高！还是赶快坐下听别人唱吧。"从此，这位王老师不再开口唱歌。

一句赞誉，成就季羡林成为"大家"；一句嘲讽，泯灭了一个孩子一生的音乐爱好!

每个孩子都有自己的闪光点,只是有时匆忙的步履、烦躁的心情,遮掩了我们的双眼;烦琐的工作、忙乱的生活,钝化了我们的敏锐;成绩的镣铐、升学的压力,扰乱了我们的心智。所以我们看到的,更多的是学生的缺点,而忽略了那一双双天真的眼睛和那一颗颗纯洁的心灵。他们需要老师的关心和认可,需要老师的呵护和鼓励,即使因为无心犯了错误,也需要我们的老师温和地指出。他们需要的是耐心的引导而不是一味的指责,是真诚的鼓励而不是无情的嘲讽。

真心期望每位教育者都能像那位孩子喜欢的售货员一样,把一颗一颗的糖添加到孩子的心里去。

最后,以一位二年级孩子写的一首小诗作为此文的结尾:

生活中有一颗糖,

我尝到了它的味道,

香香的,

甜甜的,

可好吃了。

老师表扬我的时候,

我尝到了一颗糖,

是那样香甜。

同学赞扬我的时候,

我尝到了一颗糖,

是那样香甜。

家长夸奖我的时候,

我尝到了一颗糖,

是那样香甜。

生活中的那颗糖无处不在,

只要你愿意尝。

用真情付出获得职业尊严

犹太教法典里有这样一段话："如果一个人对你说：'我工作了，但毫无结果。'你不要相信。如果一个人说：'我还没干，就获得了成就。'你也不要相信。如果一个人说：'我工作过了，也有所收获。'你可以相信。"

这段话说到了三种人。第一种认为付出不会有收获，第二种认为不用付出就会有收获，这两种人从两个角度否定了付出和收获的因果关系，当然是不能让人相信的。而第三种人则实事求是地道出了一个朴实的真理：只有付出才有收获。

事实上，付出与收获的关系不仅如此，还是正比关系。除了个人的愚蠢之举之外，一般情况下应该是工作越努力，越勤奋，付出越多，收获就越大，正所谓"天道酬勤"！

其实，每一份工作都属于一种职业，每一种职业都值得尊重，在尊严的天平上，每一种职业都是等价的，是不应该存在职业歧视的。只是，若想被人尊重，首先要做到拥有自己的职业尊严。那么什么是职业尊严？怎么才能拥有职业尊严？有两个这样的例子：

一个只有小学文化程度的出租车司机，面对包车的客人，每天都是西装革履，总是提前十分钟到门口等，车子每天擦，座套每天换，车上免费准备垃圾桶、矿泉水、湿纸巾和睡觉盖的薄毯，还总是自带单反相机一台，默默拍下客人观景时的背影或远景，分别时送给客人。

一个被雇用多年的保姆，每次探亲回家前，总是为主人家的纸篓套上与自己在家待的天数同样多的垃圾袋。

这就是职业尊严！他们就是这样获得职业尊严的！

由此，我想到了我们教师的职业。有的人总是羡慕别人受家长、学生尊重，受学校领导的器重，获得了这样那样的荣誉，得到了这样那样的提拔，又评上了高一级的职称，认为是别人运气好，自己运气差，因而怨天尤人，自暴自弃，甚至破罐破摔，从来没有想到根本的原因是付出与获得的正比关系。

教师的职业尊严同样需要自己去树立，同样需要用自己全情投入、执着不懈的态度去获得！尊严不是别人给我们的，而是我们自己给自己的，如果你尊重自己，同时也尊重别人，那么你就获得了相应的尊严。

送一轮明月给你
——也说无痕管理

一位教育家说："当管理者在管理教师时，如果教师知道你在管理教育他，你的管理教育就失败了。"苏霍姆林斯基也曾说："把管理意图隐蔽起来，是管理艺术十分重要的因素之一。"意思是说，不是不要管理，而是追求无痕的管理。

无痕管理是指把管理意图和目的隐蔽起来，通过间接、暗示或迂回的方式，给被管理者以教育的管理方式。

总是记起那个既有禅意又富有诗意的故事：

一个山中修行的老僧月夜散步归来，碰上一个小偷正从他的茅屋里往外走。他知道小偷在茅屋里找不到任何值钱的东西，便脱下身上的大衣披在惊魂未定的小偷身上，说："你走这么远的山路来探望我，总不能让你空手回去呀！"小偷愕然。望着消失在夜色中的小偷，老和尚感慨地说："可怜的人呀，但愿我能送一轮明月给你！"第二天早上，老和尚睁开眼睛便看见那件披在小偷身上的大衣，叠得整整齐齐地放在门口。老和尚高兴极了："我终于送了他一轮明月。"

我被老和尚独特的点化和感悟所折服。这种"润物细无声"的耐心点化，远比劈头盖脸的当面训斥、指责、讽刺甚至挖苦高明得多，它的教育效果"随风潜入夜"般地让人幡然悔悟、刻骨铭心。它带给我们的是管理者对被管理者的尊重、期待和宽容。

面对盗贼，老和尚能耐心点化，使其大彻大悟，弃恶从善。那么，我们是否该扪心自问：作为育人的学校，作为学校的管理者，面对有缺点与过错的教师，面对犯了错甚至自己还不知错在何处的教师，该如何对待呢？

管理是保护，而不是训斥和指责；管理是唤醒，而不是冷漠和讽刺。校园，是引领师生张扬个性、放飞希望、诠释生命永恒的栖息地，是追求智慧教育、构建师生快乐成长的精神乐园。校园，是知识分子聚集的地方，知识分子追求精神的独立、人格的尊严、自我的崇敬，他们注重精神胜于物质，追求真理大于利益。所以，学校要用科学的方式去管理教师。管理无痕，应当成为校园的精神期待。

管理无痕，更多的是依靠各级管理人员的互动，各级领导人员的真情，润物细无声地去影响教师的内心，一举手、一投足、一点头、一微笑、一个短信、一封邮件、一次雪中送炭的慰问、几句锦上添花的赞赏都会给教师留下刻骨铭心的记忆，都会荡漾起教师心中的圈圈涟漪……当教师有过错时，要用无痕的批评教育给教师以良性的刺激，不伤害教师的自尊，不破坏教师的面子，像武林高手"踩水无痕"那样，在呵护和引导中显示出强大的威力。在无痕的管理中，让教师理解管理者的耐心与宽容，领悟管理者的尊重与期待。于无声处听惊雷，久而久之，在心与心的碰撞中，教师的思想升华了，境界提高了，工作效率自然也会与日俱增，到那个时候，我们也会像老和尚那样欣慰地说："我终于送了他一轮明月！"

但是，面对无痕管理，管理者也很无奈。因为总有那么寥寥几人不能理解"老和尚"的耐心与宽容，不能领悟"老和尚"的尊重与期待。所以，无论哪位校长，"下车伊始"，都会首先致力于制度体系的建立和完善。事实上，好多制度是为那寥寥几人而建立和完善的。有时候，面对那些明知是错，却仍顽固地坚持到底者，也不得不劈头盖脸地当面训斥和指责——正所谓，事物都是一分为二的，任何管理方式也都不是万能的。

无痕教育既是一种管理方式，又是一种管理技巧，更是一种管理的美学哲学境界。达到管理无痕的境界并不难，只需要管理者的耐心与宽容、尊重与期待。

让管理者都像老和尚一样，送一轮明月给你……

教育需要附耳细说

今天，在《中国教育报》上看到这样一则小故事：

> 古代一位皇帝微服出访，在田间遇到一位农夫正驾着黄、黑两头牛耕地。皇帝很有兴致地问："你这两头牛，哪一头更棒呢？"谁知连问三声，农夫竟一言不发。皇帝很扫兴，却不便发作。等耕到了地头，牛到一旁吃草时，农夫才附在皇帝的耳朵边，轻声细气地说："告诉你吧，边上那头黑牛更好一些。"皇帝很奇怪，问："你干吗用这么小的声音说话？"农夫答道："牛懂人语，要是让黄牛听到了我们的评说，它岂不是很伤心？"

读完这个小故事，心里顿时漾起一种暖意。我为两头牛拥有如此善解"牛意"的主人而深感幸福，更佩服这位农夫对仅仅属于畜类的牛所倾注的爱心。与这个善解"牛意"的农夫相比，我们的教育是不是经常在表扬或批评的瞬间，忽略了一份对心灵的抚慰？

下面这些情景想必我们都很熟悉：甲老师愤慨激昂地批评某孩子的过失，只顾痛快地泄己之愤，而浑然没有意识到被批评的孩子那因当众被奚落而无地自容的窘迫；乙老师眉飞色舞地当众表扬某孩子卓尔不凡的骄人成绩，却没有看到同样尽力，却因身体素质等原因只能屈居其后的孩子难过的表情；为了一点小小的过错，丙家长大庭广众之下毫不顾忌地大声呵斥孩子，全然不理会孩子那敢怒却不敢言的无奈心情……

所谓"附耳细说"，实际是一种心灵的贴近和呵护。无论是动物还是人，只有心灵贴近了，才会收获一份尊重，获得一份理解和情感的依托。农夫对牛尚且如此，对待成长学习中的学生，我们的教育更需"附耳细说"。

人的自尊虽不是与生俱来的，却是和人的意识同时存在的。因为，自尊心是自我意识的一个重要成分。两三岁的孩子，不也经常因为愿望得不到满足，伤了自尊而"难为情"地大哭或大闹吗？

作家毕淑敏曾说："能够约束人们不再重蹈覆辙的唯一缰绳，是内省的自尊和自制。它的本质是一种对自己珍惜和对他人的敬重，是对社会公有法则的遵守服从。如果一个孩子从小就在无穷心理折磨中丧失了尊严，无论他今后所受的教育如何专业，心理的阴暗和残缺都很难弥补，人格将潜伏下巨大危机。"她还说，孩子的皮肤与心灵更为精巧细腻、脆弱柔软，其自我修复的能力还不够顽强。如果伤害太深，便会留下终身难复的印迹而常常隐隐作痛。因此，作为教育者，必须把尊重学生的人格放在首位，不论表扬还是批评，都要把握尺度、把握时间、把握场合，注意批评的艺术性，做"触动他们心灵"的教育，做引起孩子"内省"的教育。

山野中的一个农夫，对他的牛，都那样有心，人比牛更加敏感，因此，对学生进行批评和惩罚，让我们学会附耳细说……

期待的力量

　　非洲的一个部落酋长有三个女儿，前两个女儿既聪明又漂亮，都是被人用九头牛作聘礼娶走的。在当地，这是最高规格的聘礼了。第三个女儿到了出嫁的时候，却一直没有人肯出九头牛来娶，原因是她既不漂亮，还很懒惰。后来一个远方来的游客听说了这件事，就对酋长说："我愿意用九头牛来娶你的女儿！"酋长听了非常高兴，真的把女儿嫁给了外乡人。

　　过了几年，酋长去看望自己远嫁他乡的三女儿。没想到，女儿已经变成了一个气质超凡的漂亮女人，而且能亲自做美味佳肴来款待他。酋长很震惊，偷偷问女婿："难道你是巫师吗？你是怎么把她调教成这样的？"女婿回答说："我没有调教她，我只是始终坚信你的女儿值九头牛，所以她就一直照九头牛的标准来做了，就这么简单。"

　　其实，这是期待的神奇力量。教师对于学生的期待也有这么神奇的力量。大家耳熟能详的"借分给学生"的故事不也在说明这个道理吗？——当老师借了分数给学生后，老师与学生间就形成了一个"契约"。表面上看，这份契约是学生应该定期向老师还上这个分数；可实质上，是老师对学生的真诚信任与期待，是二者之间情感与心理的互动过程。

　　如果我们每天试着发自内心地赞美我们的学生，而不是指责或抱怨，那么你一定会发现，学生也在悄悄地发生变化，而且是朝我们所希望的方向变化。

班主任要把握好放手的度

　　因为班主任工作的特殊性、重要性，所以不管是家长还是学校对班主任的要求都比一般的老师高得多。相应地，班主任老师付出的也比其他的老师多得多。我当过多年的班主任，对班主任工作的辛苦和乐趣深有体会。的确，班主任，尤其是小学班主任，工作可以说是极其烦琐，这就要求我们确实要心怀真爱和极强烈的责任感。

　　真心爱学生，就是言行一致地关心、爱护、尊重、理解学生，让学生切实感受到你是爱他的。不要以为我们的孩子小，什么都不懂，实际上，孩子对情感是非常敏感的，他能感受到哪个老师是真心对他好的，而且学生一旦感受到了老师对他的这种真爱，那么，他对老师的回报往往会远远超过老师的想象。

　　我们通常所说的责任感，是指自觉地想把分内工作做好的愿望，是一种自觉性，不用外力督促，也不用制度约束，而是任劳任怨，自觉自愿。那极强烈的责任感，层次就更高，要求也更严，他就把自觉性提升到一种品质修养、一种情操风范、一种思想境界。就是要不计个人得失，不计分内分外，以满腔的热血，满怀激情、竭尽全力地做好工作，出色地完成任务。

　　爱和责任是做好班主任工作的前提，在此基础上，还需要智慧和方法。在倡导学生自主发展的今天，在班级管理的方法和艺术上，当前最受推崇的应该是大胆放手了。的确，班主任在班级管理中能调动学生积极参与，不仅可以大大提高班级管理的效率，培养学生自我约束自我管理的能力，还可以把自己从烦琐的班级管理工作中解放出来。但是，我觉得，大胆放手也存在一个度的把握问题。经过长时间的观察了解，我发现有的老师在班级的常规管理上放手过度，示范指导和亲力亲为不足，而在班级活动过程中又往往表现得放手不及、包办代替、亲力亲为过度。我认为这样做，尤其是小学班主任这样做，恰恰是搞反了，很不适度。

　　小学阶段的孩子，因为年龄小，具体形象思维占主导地位，对一些规范要求往往理解不到位，仅凭讲解是不行的，老师必须亲自示范指导、亲力亲为、手把手地去教才行。比如：值日时，怎么扫地、怎么上凳子、怎么把桌子拉整齐、怎么把玻璃擦干净、怎么做课前准备，写字时怎么执笔，朗读时怎么拿书，放学时怎么把书本文具规规矩矩地装进书包，怎么快速地收发作业等都需要老师亲自示范，而且要不厌其烦地手把手地去教才行。有些事情不是学生做不到、做不好，而是我们做老师的没有要求到位，没有指导示范到位，没有手把手地教到位。只有在此基础上才能逐步适当放手。

　　但是，学校和班级开展的各项活动，都是从学生的实际出发，锻炼学生的各种能力。所以，在这方面，班主任首先要树立大胆放手的理念，敢于让学生"我的活动我做主"。不能事事包办代替、亲力亲为。比如我们的主题性学习活动就应该让学生自己确定主题、自己搜集素材、自己策划汇报的形式。当然，在这个过程中，老师绝对不能大撒手，尤其是低年级，老师一定要讲清活动的目的、要求和具体程序，适时进行指导、点拨和帮扶。不要怕学生做不好，重在活动的过程，重在学生的参与。

　　放手实际上是班级管理的最高境界，不是一朝一夕就能做到的，它的前提是大量的心血与付出、真爱与责任，没有这种前提的放手，说得严重一点，就是敷衍甚至是失职。因此，请大家一定要把握好放手的尺度和时机。

教育当从培养想象力开始

《教育是没有用的——回归教育的本质》是当代中国具有广泛影响力的教育专家林格的力作。其中，"谁在毁坏孩子的想象力"一节让我的心灵为之震撼。

林格先生开篇便亮明自己的观点："毫不客气地说，如果我们的教育控制了孩子的想象力，所有的知识传授都是徒劳无功的。有一句俗话叫'捡了芝麻，丢了西瓜'，分数就是'芝麻'，想象力就是'西瓜'。"

反思我们的教育，在很大程度上确实正在做着"捡了芝麻，丢了西瓜"的事情。

妈妈开车送儿子上学，路上堵车严重，妈妈烦躁不安。儿子见状，信誓旦旦地对妈妈说："我要发明一种像电梯一样的电动路，不用走路，不用骑车，也不用开车，人一站上去电动路就能自动把人送到要去的地方。"妈妈一听，更加烦躁："胡说八道，少废话，烦死我了，马上要期末考试了，赶快把老师布置的课文再背一遍！"

语文课上，老师让学生用"谁在什么地方干什么"的句式说话，一个学生想到橡皮擦字时发出的吱吱声，就说："橡皮在纸上欢快地唱着歌。"但换来的却是老师一脸的严肃："橡皮怎么会唱歌呢？再想想。""老师正在教室给我们上课。""多准确呀，100分！"

数学课上，老师问："一加一等于几？"一个孩子想到一个爸爸加一个妈妈成了三口之家，勇敢地回答：等于三！老师听后，怒不可遏："掰着手指再算算，到底等于几！榆木脑袋！"于是，台下一阵哄笑，孩子怯生生地坐下……

多么灵性、多么富有想象力的思维火花，就这样被所谓的标准答案和常规思维无情地湮灭。如此数次"碰壁"之后，孩子们再也不敢张开想象的翅膀，他们逐渐学会了接受那些刻板的、枯燥的、没有味道的语言、思维和生活方式。

在印度、泰国，随处可以见到一种现象：一根细细的链子，拴着一头千斤重的大象。以大象的力量，那样细的链子根本拴不住它。可它却老老实实地被拴在那儿，这是为什么呢？原来驯象人在象还小的时候，就用一条细铁链将它绑在水泥柱上，无论小象怎样挣扎都无法挣脱。小象渐渐地习惯了，到长大了可以轻而易举地挣脱链子时，也不会再挣扎了。

想象是与童心相伴的，很多人长大后就失去了想象力，是什么剥夺了这份与生俱来的财富？是不恰当的教育和缺乏想象力的教师。在教师一个又一个的"标准"答案下，孩子的想象力就不知不觉地被一根无形的铁链拴住了。

想象力有多重要？拿破仑曾经说过："想象力统治世界。"格林·克拉克认为："人类所有的才能中，与神最相似的就是想象力。"苏格兰杰出的哲学家杜格尔德·斯特华特指出："想象的才能是人类活动最伟大的源泉，也是人类进步的主要动力，……毁坏了这种才能，人类将停滞在野蛮的状态之中。"爱因斯坦也坦言："想象力比知识更重要，因为知识是有限的，而想象力概括着世界上的一切，推动着进步，并且是知识进化的源泉。"创造学的鼻祖奥斯本说："是想象力建立了强大的美国。"

不久以前，1992年诺贝尔医学奖得主、美国华盛顿大学教授埃德蒙·费希尔重返他的出生地上海。在同济大学演讲台上，他充满激情地表达了自己的科学理念和对中国学生的期望，其中之一是——留点时间去想象。

费希尔给中国学生提出的最大忠告是"少学习，多思考"。他认为科学的本质和艺术是一样的，需要直觉和想象力。而把太多信息塞入大脑，会让学生没有时间放松，没有时间发展想象力。

曾听朋友讲过一个发生在国外的故事：1968年，美国内华达州一个叫伊迪丝的三岁小女孩告诉妈妈，她认识礼品盒上的字母"O"了。妈妈听后特别吃惊，问她怎么认识的。伊迪丝说："藏拉小姐教的。"母亲认识到问题的严重性，一纸诉状将藏拉小姐所在的劳拉三世幼儿园告上了法庭，理由是该幼儿园剥夺了孩子伊迪丝的想象能力、创新能力。因为她的女儿在认识"O"之前，可以把"O"想象成苹果、太阳、足球、鸟蛋之类的东西，然而自从她识读了二十六个字母之后就失去了这种能力。她要求该幼儿园赔偿伊迪丝精神伤残费1000万美元。

法院审判结果令许多人意外，劳拉三世幼儿园败诉。因为23位陪审员被这位母亲在辩护时所讲的一个故事感动了。她说她曾到东方某个国家旅行，在一家公园里见过两只美丽的天鹅，一只被剪去了左边的翅膀，一只完好无损。被剪去一边翅膀的天鹅被收养在较大的一片水塘里，完好的一只被收养在一片较小的水塘里。管理人员说这样能防止它们逃跑。被剪去一边翅膀的天鹅无法保持身体的平衡，飞起来就会掉到水塘里；在小水塘里的天鹅，虽然没有被剪去翅膀，但起飞时没有足够的滑翔距离，而只能无可奈何地待在水池里。她说伊迪丝变成了劳拉三世幼儿园的一只天鹅，一只飞不起来的天鹅。她说他们剪掉了伊迪丝的一只翅膀，一只幻想的翅膀。他们早早地把她投进了那片小水塘，那片只有ABC的小水塘。

想象力和1000万美元之间很难画上等号，但这个故事让我们明白了保护孩子的想象力何其重要。

"最近几年，我国很多优秀学者在做一项有意义的课题——关于大国崛起的原因分析，但大多重点分析了经济、科技方面的原因，忽略了深度分析教育的原因。"林格先生目光犀利，一针见血地提出了这个根本的问题。

他认为，二战以后日本经济起飞的根本原因就在于极大地开发了全民的想象力和创造力，这个只有1.2亿人口的国家，因此才有数千万人投身于创造发明活动，每年的专利申请高居各国之首。"中国的复兴与再度崛起，最主要的任务不是开发石油、煤炭等能源资源，而是有效开发自己最丰富的资源——14亿人的大脑的想象力资源！"

　　林格先生这一振聋发聩的呼吁，引人深思，令人震撼。想象力决胜大国崛起，教育，当从培养想象力开始！

以研究的态度去工作

　　现在还那么迫切地参加各种培训，说实话，是对易逝岁月的眷恋和对自我成长的渴求——越来越感觉欠缺得太多，各种危机感也恣意横生。所以，这次北京培训，我又欣然而至。

　　培训已过两天，真切感受到这次培训的前沿与高端，大咖级的专家、深度高度兼而有之的内容，让我视野大开，感悟颇多。尤其是伍新春教授的《学生问题行为管理》、李建宗教授的《怎样做一名会上课的好老师》与李春山教授的《小学教师的校本研究》，都让我再次感受到，作为一名教师，要以研究的态度去工作，让研究成为工作的常态。

　　其实，不少老师可能对研究有太多的误解，认为研究太深奥、太神秘，高不可攀；也有不少老师认为搞研究没什么用，把成绩提高上去才是正道。实际上，"对教师来说，研究工作并不是什么神秘的、高不可攀的事"。这是苏霍姆林斯基通过自己的亲身实践得出的结论。有专家用"怎样才能烙好饼"打比方，告诉我们烙饼的家庭主妇也会做研究。

　　一个家庭主妇第一次烙饼，因为没有经验，把饼给烙煳了。当家人都埋怨她时，她理直气壮地说："我辛辛苦苦把饼给你们烙熟了，你们还嫌不好吃！有吃的就不错啦！"——不知道找自己把饼烙煳的原因，还没有研究的意识。

接着，她自己又想："是啊，我怎么把饼给烙煳了呢？人家怎么烙的呢？"——有了点儿研究的意识，开始进行反思了。

接着，她又想："是不是他们用的锅跟我用的不一样呢？"——开始思考并提出假设了！

于是就去看人家是怎么烙饼的。一看，人家用的也是平底锅，跟她用的锅一模一样。——在收集信息来验证假设。

接下来，她就站在那里仔细观察人家是怎么烙饼的，结果发现，人家烙饼的时候，开始加的油很少，但是中间，又用毛刷不断地加油，而且始终用的都是小火。通过观察和思考，最后得出了这样的结论——"其实烙饼也很简单，开始的时候不用加太多的油，但是中间一定要根据情况用毛刷加几次油，尤其是火不要太大。"

烙饼的家庭主妇通过研究，找到了烙饼的窍门，获得了专业成长。

这个例子告诉我们：研究，一点儿也不神秘！就这么平常！说得简单一点儿，就是在日常的教育教学过程中，发现和解决问题。不仅搞课题、写论文是研究，集体备课、磨课、上公开课、日常问题解决以及反思等都是研究。

研究和提高成绩并不矛盾。试问，哪位名师不是教有成效，研有所成的呢？近处看，有人悠闲自得，成绩显著，何故？注重反思和研究，尊重规律，方法科学，教学效率自然就高；远处望，李吉林、孙维刚、魏书生、李镇西、苏霍姆林斯基……哪个不是善于反思、勤于研究的呢？事实上，一般教师和名师的最大差别便是对研究的态度和投入的程度。

李春山教授说："研究是教师专业标准对教师的要求。"其实，苏霍姆林斯基早就指出："教师的职业本质就是研究。"一个教师，只要善于深入思考事实的本质，把握事实之间的因果关系，他就可以防止许多困难和挫折，避免教育工作中那些令人伤脑筋的意外事件。只有这样，我们每天的上课才不致变成单调乏味的苦差，我们才能享受教育工作带给我们的欢乐和幸福。

愿每位老师都能以研究的态度去工作！

"双减"需要"融"思维

落实"双减",表面看,是"减"与"增"的博弈;实际上,是要撬动素养本位下育人体系的重新建构。变"苦学"为"乐学",变"成才"为"成人",让学生学得更加生动,更加有趣,让学生的成长更有价值,更有意义,其前提是要具有"融"的思维,把工作和学习中重复、交叉的内容"融"起来做,以融促减,提质增效。

一、融学科间重复交叉、相近关联的内容

构建高质量育人体系,首先要开齐开足课程。但是,现实问题是,国家课程与地方课程,不同版本的学科课程中不乏重复、交叉的内容。例如,语文统编教材五上第四单元主题是"勿忘国耻",道德与法治统编教材五上第二单元也是类似主题"不屈的中国人";语文统编教材六下第六单元是"难忘的小学生活",道德与法治统编教材六下第四单元是"再见,我的小学生活";在数学课与综合实践课中,也都有相同的"体积的测量"的内容。这些重复交叉的内容,在一定程度上增加了学生和老师的负担。

鉴于此，我校坚持科学性和人文性、社会化与人性化发展相融合的原则，从落实国家课程和遵循孩子们的心理逻辑出发，每学期初，都要求以年级为单位进行跨学科教材研读，将学科之间重复交叉、相近关联内容进行重组、优化、融合，以课堂教学或"主题+模块"的形式实施。

比如，音乐教材中有一首歌曲《小小足球赛》，体育课中有足球技能训练。有研究证明，在音乐中进行体育运动，能增加听觉与动觉互动的频率，使学生的节奏感和运动感同时得到增强。于是，音乐老师王民民和体育老师王伟健就上了一节"音+体"融合课。这节课有这样两个融合点："寻音传球"游戏环节，体育老师讲授传球和接球技术，音乐老师引导学生感知乐句，并引导学生按音乐的乐句传球、接球。最后的足球赛环节，体育老师组织学生踢足球，音乐老师带领拉拉队唱歌。这样，音体互融互促，多目标在教学活动中互相交织，同行共进，效果良好。

"主题+模块"即统整相关学科内容确定单元主题，每个主题又细化出不同模块，模块与主题之间相互渗透、相互关联。如二年级美术教材的第16课是《风来了》，语文教材第24课是《风娃娃》，科学课里也有"风力等级儿歌"这一内容。于是，一个以"探索风的奥秘"为主题的"语+美+科"模块教学就产生了，由这一主题又细化出了"了解风""感受风""找风""画风""做风车"等模块，希望通过这样一个"主题+模块"的形式，让学生认识风、了解风，引导孩子亲近自然，保护环境。

二、融进校园活动与学科内容

近年来，越来越多的政府部门、社会团体等纷纷组织开展"专题教育进校园"活动。粗略算来，有近三十种，包括"传统文化进校园""反邪教进校园""廉政文化进校园""法治教育进校园""戏曲进校园""抵制非法宗教活动进校园""禁毒知识进校园""孝道文化进校园""科技进校园""知识产权进校园""光盘行动进校园""工匠精神进校园""拥军优属进校园""党史教育进校园""垃圾分类进校园"等，内容涉及安全、文化、科技、医药、人防、法治……几乎教育以外的其他部门都开展了针对学生的"进校园"活动。

诚然，这些"进校园"活动作为一种重要的教育资源和教育元素，可以弥补当今学校教育的不足，为学校创新教育途径、拓宽教育维度、丰富师生生活等引领方向。但是，门类过多势必加重学校的总体负担，导致学校组织随意、疲于应付，虽然耗费了大量的教育资源，但成效甚微，育人效果不佳。

其实，国家课程本身就含有这些教育元素，比如"安全教育进校园"，单单《道德与法治》教材中就有《家中的安全与健康》《我们的公共生活》《信息万花筒》、《同伴与交往》《面对成长中的新问题》等章节，而语文、数学、科学、体育等学科教材中也都有涉及。至于优秀传统文化、科技、党史教育等内容，教材中更是比比皆是。如果各自为政，势必会造成学生兴趣低、资源浪费多、教育效果差、学校文化内涵建设呈现碎片化、重叠化状态。

基于此，学校要以积极的心态、智慧的头脑去看待、审视、开展各类专题教育进校园活动。从学校层面来讲，要站在整体育人的角度，以大课程思维做顶层设计。一方面将"进校园"活动与学科教学融合起来，让其成为学科教学的拓展延伸；一方面将"进校园"活动与常规活动融合起来，成为学校工作常态。无论哪种方式，都要组织相关人员按照课程建构理念，形成基于融合、操作性较强的具体方案，纳入学校课程体系组织实施，以课程形态呈现。这样，不仅避免了活动的碎片化、无序化，减轻了老师、学生工作学习的负担，而且让学科教学、常规工作、进校园活动相互促进，确保减负增效。

我们学校就在这方面做了大胆的尝试。学生发展研究中心把各类"进校园"活动融入学校大德育体系构建中，利用升国旗仪式、诚信评价课、入队课程、离校课程等平台和载体，把"进校园"活动中蕴含的各种育人元素，有计划予以分步推进。另外，还把文明校园创建中的"我们的节日"

活动与学科拓展活动有机融合，设置节日课程，由不同年级落实。再如，学校形象策划研究中心将本部门负责的安全管理、安全双重预防体系建设、校园周边综合治理、安全隐患排查与治理、预防未成年人性侵害"护苗行动"、疫情防控、近视防控、"无烟学校"创建、健康教育等工作，与"学生安全与健康"的关联点有机融合在一起，在策划活动时既考虑学生发展需求，又兼顾上级各职能部门的具体要求，做到了站位高、立意远、不忙乱、求实效。

坚持"学了知识和技能之后能做什么，能解决什么问题"的素养导向，强化"学习内容与真实情境紧密联系"的学科实践，推进"学科内知识整合、学科间有机融合"的综合学习，落实"适合每个人"的因材施教。尤其是在综合学习方面，国家要求每一门课标都要花 10% 的时间来开发跨学科主题，在教材层面都必须保证设计 10% 的跨学科内容。由此可见，"融"也是教学改革的趋势和要求。

基于此，在"双减"大背景下，我们必须具有"融"的思维和胸襟，这是落实"双减"的重要途径，也是打破学科界限、加强学生综合能力培养的有效途径和举措。只有这样，才能真正实现立体的、可持续发展的、螺旋上升的、循环挺进的教育生态场域。

用作业撬动课堂改革

"双减"是方向引领，是责任担当，是教育情怀——让教育的脚步不再匆匆，让教育回归教育的本质，让立德树人根本任务得以更好实现。这关系到学生的健康成长，也关系到家庭的幸福指数，从根本上来说，就是要最大限度地满足广大人民群众对教育的获得感、安全感、幸福感。这既是一项民生工程，也是一项德政工程，更是为党育人、为国育才的奠基工程。

一、"双减"通过"双增"来推动

"双减"不只是让孩子多一些休息和玩耍的时间，更本质的是让儿童获得全面发展所需要的营养，包括智力的、品德的、艺术的和身体的营养，成长为德、智、体、美、劳全面发展的人。"双减"其实是给教师和家长都提出了"双增"的要求。"双减"要通过"双增"来推动。

教师的"双增"，首先是"增课堂之效"。保证学生学会学好的是课堂教学内容，而不是课后作业、校外培训。因此，作业问题说到底还是改革课堂、提高课堂学习效率的问题。"双减"背景下，教师不可能再通过家庭作业把自己应尽的职责直接甩给家长或校外培训机构，堤内损失不可能再靠堤外去补。因此，"双减"要从课堂抓起，做好单位时间学习效率的加法，向课堂四十分钟要质量。要构建学生主动思考的课堂，以问题为导向，激发学生主动思维；要留足思考时间，引发学生的深度学习，培养学生学习的主动性和持续性。其次要"增课外之能"。学校要利用延时服务时间增强学生德、智、体、美、劳各方面的能力，既要精心设计作业，有效指导学生完成作业、对学困生进行个别辅导与答疑，提升学业质量，还要开发一系列提升学生安全自救、动手操作、综合实践、体育艺术、课外阅读、体育锻炼等综合技能的特色课程。

但是，教师"双增"的同时，也确需"双减"：减去那些冗余的任务、会议，没有实质意义的考核评价，减轻教师的心理压力，让教师把主要精力放到教育上来。

家长的"双增"一是要增加陪伴时间，二是要增加陪伴质量。从人的成长发育规律来讲，处在义务教育阶段的孩子更需要家长的关爱。增加陪伴时间，提高陪伴质量必须同步进行，因为陪伴时间与陪伴质量并非对等关系，就像有句诗调侃的那样：明明你在我身边，却因为手机，觉得远在天涯。

高质量的陪伴是真诚交流和沟通，能给孩子的成长提供更好的"精神情感养料"，让孩子有更多的幸福感。

二、课堂靠取消家庭作业来改革

"双减"关键是要解决好堤内损失堤外补的恶性循环，加强作业管理，提高课堂效率，这是源头。作为濮阳市建校最早的实验小学，今年年初，我们狠下决心，从课堂改革和作业管理两个方面强力推进，规定所有年级都不能布置书面家庭作业，所有作业全部在课堂上、在校内完成，并严格推行集体教研、试做、备案、公示、监督评价制度。目的就是截断后路，倒逼老师去深改课堂，让孩子们在课堂上完成学习任务。

为实现课堂效益最大化，学校要求老师们要强化课堂管理，不仅要建立课堂常规、优化活动组织，而且要严格把控好老师讲解和学生练习的时间。根据需要可以采用"10+30""15+25""20+20"的课堂结构，确保每节课练习的时间不少于20分钟。在这样硬性要求的导向下，老师们都尽最大努力把讲授的时间压缩到极限，把更多的时间留给学生练习、实践、分享、交流。这样的课堂结构，更方便老师及时了解不同层面，尤其是学困生的学习状态。根据真实的学习效果调整教学方案，现场解决问题，当堂完成作业。

新的课堂结构，对老师也是一个全新的挑战。青年语文教师司培宁精心设计"预习看看谁最棒"活动，新授课前，利用一节课的时间指导预习。会认的字，组词、标音；会写的字，标音、标音序、画部首、组词；课文，读三遍，标序号，画字词，至少提出一个问题，结合课后题尝试独立完成，完不成画问号。课堂上，计时30分钟按照步骤预习，计时停后，再计5分钟，检测课文朗读，查看课本预习。最后，每组推荐一名同学参与全班大比拼，老师现场评比加分，梳理出存在的问题，寻找改进方法，第二天上课前再进行小组二次检测反馈。有了预习活动的促进，课文读不好的回家后会主动再听再读，质疑问题不规范的再思考，写作速度慢的再补充。第二天再过关时，孩子们的预习整体都有提升，老师以全员过关为标准，为小组整体加分，这样，小组的荣誉和每个人的荣誉就结合到一起了。预习在老师的指导下完成，效率更高，增加了学生独立思考的机会，学生就会学得更扎实。

四年级下册中计算占有很大比重，为了提高孩子们的速算能力，关双玲老师选用扑克牌作为课堂学习工具，通过发牌抢答、计时计算等游戏形式提升学生的计算能力和思维能力，极大地激发了孩子们的学习兴趣。孩子们每天都追着关老师说自己的速算时间又缩短了，要向擂主发起挑战。

除此之外，数学老师还把"数字华容道"引入课堂，让孩子们了解华容道的历史由来，把计算练习融入历史故事中，孩子们练习的积极性更高，争胜心更强，学习数学的兴趣也越来越浓厚。

重构后的课堂，老师和孩子们把课堂上的每一分钟都赋予成长的意义，朗读、思辨、讲述、书写、挑战，孩子们在丰富多彩的课堂活动中愈发感受到学习的快乐和成长的魅力。这更需要老师全面把握教材的重点和难点，精选课堂练习的内容。在孩子练习时，老师随时批改、随时反馈，把课堂时间还给孩子，把课后时间还给孩子去阅读、运动和社会实践。

三、书面家庭作业由各类参与活动来代替

取消机械、重复的刷题类书面家庭作业，孩子们课余、在家干什么呢？老师们在学校"融·慧"教育理念指导下，根据德、智、体、美、劳"五育并举"育人目标，创意设计了丰富多彩的，让孩子动口、动手、动脑的实践性、融合性的参与性活动，我们称之为非书面家庭作业，分常规性和非常规性的。每日一赞、家务劳动、每日运动、每日阅读等是常规性作业。语文的背诵、赏析、查资料、预习批注，数学的讲题、操作、口算，玩七巧板、华容道、魔方等，为非常规性作业。

在学完"统计"后，孙翠丽老师设计了"我是小小调查员"的实践性作业，让学生去调查访问老师上班是乘车、步行还是骑车，要求他们采访本年级十名教师，并要求制成调查统计表。孩子们的成果丰富多彩，各有各的特点。在这些调查式的实践作业中，学生求真、求实，回归生活的"大课堂"，经过自己的调查研究，计算比较，分析概括，既学到了知识，又锻炼了能力，而且富有生活气息。

学完《田忌赛马》一课，赵瑞红老师精心设计了让学生"画一画，说一说"的作业：画一画齐威王和田忌赛马的对阵图；说一说孙膑为什么要让田忌这样安排马的出场顺序。

这样，在画、说的过程中，更好地落实了"了解人物的思维过程，加深对课文内容的理解"这一单元语文要素。

　　"循环日记""漂流日记"是语文学科设计的创新作业，5—7个孩子一组轮流使用一个日记本，每一轮循环日记完成后，老师带领孩子们进行小组间、平行班级间的循环欣赏。这样的过程是交流，是共享，也是你追我赶，更利于取长补短，共同进步，极大地激发了孩子写作的兴趣和主动性。

　　在学生的非书面家庭作业中，有一项是"每日一赞"。马士民老师充分利用这一作业资源，创新设计了"每日一赞自选超市"，引导学生细心观察生活，真诚赞美身边的人和事，赞美一切美的事物。

　　为了促进学科融合，提高学生们的计算能力，数学学科以赛促练，别出心裁地举行了数学运动会。在接力项目比赛中，每个队员在奔跑的过程中，要完成一定数量的计算题才能把接力棒交给下一位队员，跑得快还得算得快。所以，比赛的过程中，每个孩子都奋力地奔跑，沉着地计算。这种口算接力赛，传递的不只是孩子们的奔跑速度，更是思维、信心和力量。

　　今年六一前夕，美术学科融合语文、数学、道德与法治、科学等学科，发起了由一千多名学生参与的"童心塑党史"作业项目。老师们首先引导学生观看党史影视故事、阅读党史书籍、参观红色纪念馆，多渠道了解党的百年历程，之后选取了十二个具有代表性的历史事件，指导学生用彩色黏土设计、制作出了长达二十六米，由一千三百多个英雄人物组合而成的展现党史发展历程的彩塑作品。目前，"童心塑党史"作品已被学校收录为"少年党校"党史学习教育实践教材。

　　目前，老师们对教材的研读，对每节课的教学准备更下功夫，课堂练习和作业设计更具针对性和趣味性，课堂上的时间浪费现象大幅度减少，学生学习的主动性也在一定程度上被激发，课堂效率有了很大提升，学校的教育教学质量持续保持在市直学校前列，尤其是学生的各种能力在稳步提升。

　　一个多学期的实践探索，我们切身体会到：真正让"双减"落地，必须剔除功利，勇于担当。只要遵循教育规律，减负提质就有可能。"双减"政策背景下，作业改革是撬动课堂改革、提升教育质量的关键因素之一，是折射学校教育价值观和专业水平的"名片"，是"教、学、评"相一致的支撑点，是学校、社会和家庭的连接点，是影响学生学习兴趣、负担和成绩的关键点。学校和教师要强化设计意识，提高作业设计能力，建构以校为本的高质量作业体系，加强学科融合作业与差异性作业的探索与实践，让作业成为提高学生自主学习能力的过程，实现"教学—作业—评价"的一体化。

中小学艺术教育要循源适度

　　艺术教育是新课程改革中的一门综合性课程。它之所以称为艺术课而不叫美术、音乐或舞蹈，是因为它的内涵扩展了，功能提升了。它不仅仅是给学生传授一些基本的技能技巧，更重要的是在进行基础教育的同时，让学生通过欣赏和融合，认识美、发现美、欣赏美、寻找美，进而在生活中创造美。因此，艺术教育是一门提高艺术素养，使人健康成长、幸福生活、愉快工作的学科。"没有艺术的教育是不完全的教育，没有开展艺术教育的学校是不合格的学校，没有受过艺术教育的学生是不健全的学生"已成为中外教育工作者的共识。学校作为学生教育的最主要场所，有责任对学生开展正确、完整的艺术教育。

　　然而，当今中小学的艺术教育却出现了诸多不适度的现象。

　　其一，学校艺术课程建设有所不及。许多条件薄弱学校连最起码的艺术课程设施和设备也不具备，甚至因为专职教师的空缺根本无法开展音乐、美术教学，或随便拉个教师滥竽充数，或索性砍掉音乐、美术课；一些有条件有教师的学校，由于受到升学率的强烈冲击，音乐、美术不占分数，无须参与考试，是所谓的副课，而马虎应付，效果自然难以显著。学校艺术团体在学生繁重的学业负担背景下，已经成为一种奢望，即使活动，其目的也是勉强敷衍上级有关部门的相关竞赛或节庆活动。

其二，学校艺术特色团队建设过度。当前，一些学校自觉不自觉地用专业艺术教育的眼光和要求来看待艺术教育，其主要表现就是：过度重视艺术特色团队的建设，重视比赛，忽视教学；重视艺术尖子人才，忽视面向全体学生；重视艺术比赛的结果和成绩，而忽视活动本身的育人要求。

其三，学校艺术教育的人文内涵有所不及。中小学艺术教育的目的不是为了培养艺术家，而是陶冶孩子的情操，丰富孩子的课余生活，提高孩子的艺术欣赏能力，培养他们形成较高的人生境界、达观的人生态度，从而让孩子在多才多艺的个人背景下享受生活、表现生活，甚至创造自己的生活——这是中小学艺术教育的本源所在，也是艺术教育丰富而深刻的人文内涵。北大教授、著名美学家叶朗认为：艺术不只是技术，艺术教育应更加注重人文内涵。艺术教育一定要使人感受到人生的美，提升自身的精神境界，这才是美育的灵魂。如果没有这个灵魂，单纯地学技术，这样的培养就不是艺术教育，更不是美育。

但是，在教育实践中，一部分老师把中小学生当成了没有少年儿童特点的专业艺术院校的学生，把艺术课上成了单纯的缺乏趣味性和艺术性的知识传授课和技能训练课，而忽视了中小学艺术教育更为重要的艺术感知和人文熏陶作用。

其四，对学校艺术教育工作的评价操作有所不及。对学校艺术教育的评价是关系到学校艺术教育成败的重要问题。但是，当前各级领导部门在对学校艺术教育工作进行评价时似乎有一种倾向：忽视了学校艺术教育的主体和主渠道，而把学校在各级各类的艺术类比赛中所取得的成绩作为唯一的评价标准。实际上，这是造成学校艺术教育出现种种不适度现象的重要原因。能获得这些比赛成绩固然与学校领导的重视、艺术教师的指导有着密切的关系。但是，冷静思考一下，这些获奖的学生占全校学生总人数的比例几何？能代表学校参赛的学生又有几个真正是学校培养出来的？在奖牌和掌声的背后，学校又为此耗费了多少人力、物力、财力和精力？这种投入与产出成比例吗？这种"抓小丢大"的做法与学校艺术教育的本源相符吗?

中小学艺术教育要想取得可持续发展,必须循源适度。

一、确立以人为本的艺术教育理念

学校艺术教育是以人的发展为根本目标,让每一个学生都得到自我发展、实现自我价值的教育。每一个学生都有获得艺术教育的权利,学校要充分重视每一个生命的自主和谐发展,为每一个愿意接受艺术教育的孩子提供必要的条件和基本的保证,包括有智力障碍或肢体障碍的人在内。因此,中小学艺术教育首先要确立"以人为本"的教育理念,把学生的可持续发展作为艺术教育的根本出发点,着力培养和提高学生的审美情趣和审美能力,尤其是以下两个方面:

(一)面向全体学生,矫正艺术教育目标定位上的偏差,把提高全体学生的审美情趣和能力作为重要目标,而不是培养几个所谓的艺术"尖子"。

实际上,面向全体与培养"尖子"是相辅相成的关系,面向全体学生的艺术教育搞得好,艺术"尖子"才容易出现。而"尖子"的出现,又能在一定程度上提高面向全体的艺术教育的水平。而且,培养艺术"尖子"也应该是基础教育的职责之一,在不影响全体学生接受艺术教育基础上的培养"尖子"的做法是应该提倡并鼓励的。当然,培养"尖子"的主要途径应该是课外而不是课内,培养"尖子"的方法也要有别于专业艺术教育的方法。

比如,我校在今年举办科技艺术节的时候,就不再是老师们一厢情愿地凭借自己的主观臆断去挑选极个别学生去参加所谓的演出活动,而是遵循面向全体的原则,从充分调动每一位学生参与的积极性入手,先引导学生主动思考、充分准备、积极报名,自主编排,进而再引导学生排、导、练、演。从节目的挑选到节目单的设计,从演出场地的布置到演出场地的命名,等等,整个过程,每位学生置身其中、积极参与、亲自动手,老师退到幕后，把学生推到台前，让每一位有特长的孩子尽情施展，同时创造机会让尚没有特长但是已有表现冲动的学生也变为主角，成为活动主体。这样做的结果，使我们的科技艺术节发生了四种变化：一是学生由原来的"让我干啥我干啥"，变为"我的活动我做主"；二是由原来只有少数人参加的活动变成了全校学生人人参与的活动；三是由原来的多数学生是观众变成了人人是主角、人人有机会、人人有自信；四是由原来的只有来自老师的几个计划节目的艺术节节目单，变为一届科技艺术节就有一本小册子的内容丰富的学生自主申报层层竞选的节目单。最重要的是，不仅实现了全员参与，而且还从中发现了众多艺术"尖子"。

（二）创新艺术教育教学的方式，多轨并进，满足不同类型学生的不同需求。

为保证学生有足够的时间和机会学习艺术、接触艺术，可以把学校的课程设置分为三种类型：

1. 艺术类必修课。必修艺术课程是国家教学计划所规定的课程，比如音乐、美术、手工制作等，主要按班级在课堂上实施教学。

2. 艺术类选修课。通过课外艺术兴趣班的形式，按照学生的兴趣，采取自愿报名和学校选拔的方式，让学生参加不同的兴趣班，以最大限度地培养学生对艺术的兴趣，挖掘学生在艺术方面的潜能。

3. 艺术类欣赏课。艺术教师利用课外时间对参加艺术兴趣班的学生专门进行艺术和美学基础知识、艺术史、艺术作品鉴赏等的教育，使学生具备发现、欣赏和评价艺术作品的能力，培养学生对艺术的鉴赏能力。

二、瞄准培养创造力的艺术教育目标

艺术是通过塑造具体形象反映社会生活，表现一定的社会意识形态的。这种"形态"和"意识形态"是通过创造想象，经过创造性思维的加工而形成的替代意象。艺术教育，势必要让学生感受、领悟，甚至再创造这种艺术形象，以让学生更为直接、主动地接受艺术审美教育。所以，无论是在内容、目标还是在方法上，艺术教育都体现了它的创新教育功能。艺术教育活动既能让学生的脑功能和思维功能协调发展，同时还能很好地培养学生的直觉、灵感、想象、创造等创造性思维。因此艺术教育是培养和发展学生创造性思维的重要途径之一，艺术教育应瞄准培养创造力这一教育目标。

（一）在艺术课堂教学中培养学生创造性思维。艺术课堂教学中培养的创造性思维，主要有发散性思维、直觉思维和形象思维等。在艺术教学中，教师首先要创设能激发学生思维兴趣、产生思维动力的良好情感环境，不论是教师情感的投入、方法的选择、教具的准备，还是内容的处理、学生桌椅的摆放等，要让学生有新鲜的感觉和新奇的刺激；其次，教师在组织艺术教学活动过程中，要充分调动学生的主动性，积极开展思维活动，鼓励学生有创意的结论，及时做出有针对性的评价；最后，要引导学生想象和联想，学会知识的迁移，进行应用性、扩散性实践，自觉地进行创新实践活动。

（二）在艺术课外活动中培养学生创造性思维。活动是能力发展的基础，是开启思维的动力，艺术课外活动是学生加强创新实践、开启创新思维的好机会。

要加强艺术课外活动管理，将之纳入活动课程计划，在人、财、场地、时间、空间等方面加以保障；在艺术活动中强调学生主体，鼓励学生动脑动手，进行艺术作品创作。

教师要注重进行艺术思维和创新思维技能的指导、点拨，让学生直接了解思维的一般知识，掌握思维的一般技巧。

（三）在艺术化的校园环境中培养学生创造性思维。校园环境对学生起着潜移默化的熏陶作用，是学生的"隐性课程"，应在学校和班级营造、形成创造的文化及心理氛围，宣传、普及和推广创造的信息、知识和成果。

三、遵循促进学生和谐发展的艺术教育宗旨

与其他文化学科一样，艺术教育的教学活动也不是单向的、灌输式的，而是师生共同参与、双向合作的过程。很多艺术形式（如合唱、合奏、艺术设计等）都要求参与者集体配合、共同协作，才能产生良好效果。在艺术活动的实践过程中，学生在合作态度、协调能力方面能够获得生动的感性的体验和富有成效的训练，艺术教育更应该重视过程，而不是结论。

英国文化委员会"创造与合作工程"项目的主持者认为，学习的过程就是寻找解决问题的办法的过程，培养合作能力和动手能力的过程。就艺术教育来说，是感悟、想象、获得灵感的过程，也是思考、发现、与他人合作的过程。艺术的价值更多地表现为一种自我展示、自我欣赏和自我实现，是一种心灵的享受、情感的慰藉，是精神世界的自我观照。艺术也有竞争，但是艺术竞争更注重的是才华的展露，而不应该是功利的得失。正是基于同样的认识，意大利中小学艺术课程没有全国统一的教材，而是由学校根据国家制订的教学计划自行选用教材；小学和初中毕业不是用分数的形式给学生做出结论，而是由教师给出一个定性描述的评语。初中要求每个学生学一样乐器，但并不提出任何水平的要求。

四、创设良好的艺术教育氛围

艺术需要一定的氛围滋养，没有氛围，再好的"阳春白雪"也会成为"下里巴人"，学校艺术教育的开展更是如此。苏霍姆林斯基说："教育艺术在于使用器物。"用环境，用学生自己周围的情景，用丰富的集体生活的一切东西进行教育，这是教育过程中最微妙的领域之一。因此，学校在开展艺术教育时，就要结合实际，在"氛围"两字上下功夫，处处渗透艺术，

处处发挥艺术潜移默化的作用，达到"随风潜入夜，润物细无声"的效果，为艺术教育的开展搭建好平台。

（一）校园硬件建设突出艺术性。首先，校园建筑物应体现艺术性。我们在修建时除了要考虑它们的功用外，还应该体现艺术性。比如在外观设计上要尽量做到形状多样，颜色搭配合理，符合学校办学理念，符合学生的年龄特征，具有一定的寓意。其次，校园美化应体现艺术性。做到让每面墙、每棵树、每个花坛都会"说话"，从而让学生植根于深厚的艺术氛围里去感悟，去发现，去探究，去创造新的艺术。最后，校园布局的命名也应讲究艺术性。可以给走廊、过道、小路、楼房命个名，赋予一定的含义。在命名时，不能随意乱起，要结合校史、地方史和时代特点等因素进行命名，要讲究名称的内涵性，让学生透过文字去感悟名称中所蕴含的艺术魅力。

（二）学校艺术社团的建立应体现多样性。艺术教育是一门实践课程，是发挥学生潜在能力和积极因素的最有效途径。为了给学生营造张扬个性的实践场所，学校应努力拓展艺术教育活动空间，建立多个艺术团体。比如建立舞蹈团、手工团、合唱团、民乐团、科技团、乒乓球队、篮球队、体操队、时装设计坊、文学社、书画社、陶艺馆等，让学生根据自己的兴趣爱好和特长，参加自己喜欢的艺术团体，以培养艺术素养，提高审美情趣。

（三）学校开展艺术活动应体现丰富性。艺术活动，不仅能展示学生的才华，锻炼他们的能力，而且也是他们体验、经历和实践后获得艺术真知的过程。根据学生的年龄特点，分层次、有侧重地开展丰富多彩的艺术体验活动，是学生健康成长的有效途径。为使学生在更广阔的天地里经受考验，获得更多的成功体验，学校可以定期举行一些大型的艺术活动。如才艺展示会、书画作品展、诗文诵读会以及重大节日的庆典等艺术活动，或者设立一些专项的有特色的艺术节，如舞蹈节、读书节、摄影节、音乐节、文艺节等。

五、确立正确的评价立足点

（一）立足评价的双向化。要针对艺术课程实施中所包含的"学校"和"学生"这两个双向的主、客体进行评价，而对于这两个主、客体的评价内容和评价方式都应该有不同的要求。对"学校"方面评价的立足点是应该看学校为学生在接受艺术教育上提供和创造艺术享受的条件——学校方面应该在现代办学理念指导下为学生创设一流的艺术享受的硬件（艺术教育设施、课程管理、校园环境）和软件（教师、各类课程、专家讲座、艺术专场演出、学生艺术实践活动的创设）等；作为学生方面，需要在这样的条件下达到学校艺术教育中要求达到的各项能力目标——参与艺术活动与获得艺术享受的等级、参与的态度与获得艺术能力的等级等。

（二）立足评价的多元化。课程设置的多元：可以有艺术必修课、选修课、研究型课。课程形式的多元：可以有大课的、小课的。艺术教育形式的多元：可以是走出去、请进来。

这些通过显性课程与隐性课程实施的艺术教育活动，从课程改革的观点看，都需要给予相应的评价。

（三）立足评价的实效化。学校在艺术教育的评价上需要制定相应的规章制度，保证艺术教育评价的有效性，真正起到激励的作用。

总之，作为学生教育的最主要场所，学校必须循源适度地对学生开展正确、完整的艺术教育，否则，我们摧残的不仅仅是艺术，而是教育，更是孩子。让我们用理性的双手扼住自己错位的行为，把目光投向全体学生，朝着培养学生卓然的精神境界、达观的人生态度、完善的人格结构的目标而努力！

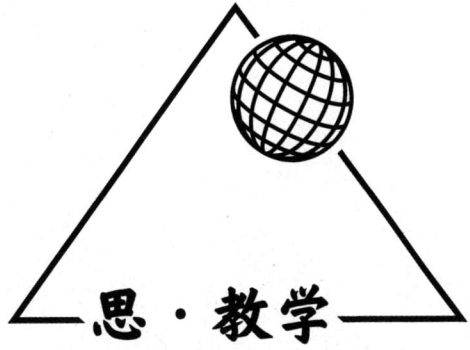
思·教学

观课评课要关注学生的学

　　上周，学校组织了本学期的"三六五"模式创新研讨课活动，按照惯例，教学发展研究中心要求大家针对一节课写一篇评课稿。这几天，认真阅读了语文老师发在研讨群里的评课稿，大家都从不同的角度谈了自己的感受和看法，我也深受启发。但是，有一种现象引起了我的注意：90%的老师都是从老师教的角度来观察、评价某节课的，很少有老师从学生学的角度——比如学生的学习状态、学习效果，如何来看这节课。

　　暑假期间，学校邀请新乡市教研员刘萍萍老师为大家作了《怎样进行课堂观察——走向有效的听评课》的报告。刘老师讲到，课堂观察有四个维度：

　　课程——教学内容（教什么）

　　教师——教学技艺（怎么教）

　　学生——有效学习（怎么学）

　　课堂——文化氛围（怎么样）

　　很显然，前两个维度指向的是老师的教，后两个维度指向的是学生的学。讲到这里，刘老师特别强调，后两个维度比前两个维度更重要。因为教师的教，是为了学生的学，教的根本目的是帮助学生学，再精彩的教，若不能作用于学生的学，促使学生精彩地学，都是低效甚至无效的。

所以，教师的教与学生的学虽有密切的联系，但不是绝对的因果关系，不是教师教了，学生就一定学了，乃至学会了。

《统筹方法》是著名数学家华罗庚写的一篇科普文章。魏书生老师通过对《统筹方法》一课的研究提醒我们，一定要把教的活动与学的活动区别开来，尤其不能以教的活动来代替学生学的活动。魏老师设定的教学目标为：

学习文中的两个成语。

学习用图表说明事物的方法。

读懂全文，会说、会写、会用。

第一个环节，魏老师板书课题"统筹方法"，然后问学生什么叫"统筹方法"。学生因为没预习，所以不知道。于是，魏老师先让学生猜，再让学生打开课本浏览课文，找到"统筹方法"的定义，并在一分钟之内记住、背熟。然后，提议男女生各派一名代表，到黑板上来进行"统筹方法"的默写比赛。

第二个环节是学习教材里面的两个成语："万事俱备，只欠东风"和"不无裨益"。要求也是一分钟记住——自己说、相互说、自问自答。

第三个环节是学习画图表的说明方法。主要引导学生开展以下三项学习活动：

读懂"烧开水泡茶"的例子：从课文里找到"烧开水泡茶"的例子认真读、说，目的是弄清楚泡茶有五道工序，这五道工序有甲、乙、丙三种安排方法，其中，甲办法最佳。

学习画图表的说明方法：让学生仿照办法甲的图示，给办法乙和办法丙画出图表，不仅加深学生对课文内容的理解，更重要的是让学生在具体的实践中学习运用画图表这一说明方法。

阅读全文，重点是读课文结尾一段，然后让学生用自己的话复述"烧开水泡茶"的例子。

第四个环节是学习运用统筹方法，请学生联系实际，说一说生活中应用统筹方法的例子。

我们把魏老师的教学过程转化为一个图表，来看看教的活动和学的活动的联系和区别。

实际的教学内容	教的活动	学的活动
1. 记住"统筹方法"的概念	让学生猜，指示一分钟记住。提议比赛	学生齐读。男女生代表默写比赛
2. 阅读两个成语的注释	创设高效记忆的氛围	学生自看注释，自问自答
3. 记住"烧开水泡茶"的例子	同上，按内容提问和纠正	学生问答，复述相关内容
4. 把乙、丙方法转化为图表	提议男女生代表画图表比赛	男女生画图表，同学们评议修改
5. 用语言转述甲方法的图表	提出尝试性任务	一学生转述，师生评议
6. 阅读全文，重点读结尾一段	指示学生读全文	学生自读
7. 复述"烧开水泡茶"的甲方法	鼓励学生七嘴八舌大声说	学生七嘴八舌大声说甲例
8. 讲述生活中应用统筹方法的实例	等待学生思考评价和引导学生思考的方向	学生思考或讨论，主动发言讲述

由此，我们可以看出：

教师教的活动与学生学的活动，是两种不同性质的活动。教师的任务，是引领学生学习；学生的行为，教师的指引下进行的。教师的责任，是创设积极的学习氛围，是有效地组织学生的学习；教师的语言，是简洁的、生动的，不管是讲，还是问，其目的都是指示或指引学生全身心投入到学习活动中。

学的活动占据了课堂大部分时间，而且学的活动不是单纯被动地听和回答老师的问题，更多的是阅读、思考和表达的语文实践。

所以，我们不管是在备课还是上课的时候，一定要把教的活动与学的活动区分开来，在确定教学内容的时候，要着重考虑学生需要学什么，依据学生的学情选择教学内容；在设计教学环节的时候，着重考虑学生怎样学才能学得会、学得好，也就是说，每个环节的大部分时间，是学生开展学的活动，就语文教学来讲，是让学生进行听、说、读、写、思的语文实践活动。

换言之，语文教学设计，主要不是设计教师做什么、怎么做，主要不是设计教的活动，而是设计学生做什么、怎么做，设计学的活动。

同样，在观课评课的时候，我们更要关注学生的学——学生学的状态、学生学的过程、学生学的方式以及学习的成效。语文课堂教学的有效性，归根结底是学生学的有效性。追求语文课堂教学的活力，归根结底是追求学生在语文课堂中的活力。

那么，如何才能营造以学的活动为基点的课堂教学？如何才能做到根据学情选择教学内容？如何才能设计出富有活力的、有成效的学的活动并充分展开呢？或者说，我们怎么从学生学的角度听评课呢？

让我们再来重温一下刘萍萍老师关于"学生学习"维度的课堂观察点选择的列举：

视角	观察点举例
准备	1. 学生课前准备了什么？是怎样准备的？ 2. 准备得怎么样？有多少学生作了准备？ 3. 学优生、学困生的准备习惯怎么样？
倾听	4. 有多少学生能倾听老师讲课？能倾听多长时间？ 5. 有多少学生能倾听同学发言？ 6. 倾听时，学生有哪些辅助行为（记笔记/查阅/回应）？有多少人？

互动	7. 有哪些互动行为？学生的互动能为目标达成提供帮助吗？ 8. 参与提问/回答的人数、时间、对象、过程、质量如何？ 9. 参与小组讨论的人数、时间、对象、过程、质量如何？ 10. 参与课堂活动（个人/小组）的人数、时间、对象、过程、质量如何？ 11. 学生的互动习惯怎么样？出现了怎样的情感行为？
自主	12. 学生可以自主学习的时间有多少？有多少人参与？学困生的参与情况怎样？ 13. 学生自主学习形式（探究/记笔记/阅读/思考）有哪些？各有多少人？ 14. 学生的自主学习有序吗？学生有无自主探究活动？学优生、学困生情况怎样？ 15. 学生自主学习的质量如何？
达成	16. 学生清楚这节课的学习目标吗？ 17. 预设的目标达成有什么证据（观点/作业/表情/板演/演示）？有多少人达成？ 18. 这堂课生成了什么目标？效果如何？

这个表格里的内容，实际上是许多优秀语文教师在备课时着重考虑的，归纳起来是以下三个方面：准备是对学情的了解，根据学情确定教学的起点。达成是教学的终点，也就是这堂课目标的落实情况，学生的学习效果如何。倾听、互动、自主是从起点到终点过程中学生的学习状态。

除此之外，我们还要看执教老师是如何根据学生的学习进程安排各教学环节时间，控制教学节奏的。在听课中我们会经常看到这样的现象：教师在组织学生的学习活动，比如阅读和讨论时，明明还有相当一部分学生没有读完，还有大部分小组在热烈地讨论，但是教师因为怕耽误教学时间，就接着说："好，由于时间的关系，我们就读（讨论）到这里……"便匆匆地进入下面的环节。我们不妨认真地想一想：每个环节的教学时间应该根据什么来确定？课堂上的教学时间应该花在什么地方？

王荣生教授说，教学并不是依照教师事先设定的"教师做什么"的步骤和时间表来进行，教师控制教学节奏的要点，不在教的节奏，而在控制、调节学的活动的节奏——这一环节学的目标达到了，才可以进入下一个教学环节，不要太纠结这节课所预定的教学环节有没有进行完。这不是在浪费教学时间，而是真正关注学生的学了。

反过来，在课堂教学中，如果大部分学生学习不主动，发言不积极，讨论不投入，一定是我们在备课、上课时没有充分考虑如何让学生学。只有我们在备课、上课、观课评课时，能有强烈的学的意识，我们的教学才有可能走向有效和高效。

不要忽视"教材辅助内容"

——"三六五"模式创新研讨课断想

　　这次"三六五"模式创新研讨课，最可称道的是每节课都实现了从"教课文"到"教语文"的转变，都在朝着"语用"方面努力，都在一步一步、扎扎实实地引导学生学习运用语言文字。

　　无独有偶，二、三、四、五年级的四节课都指向了读写结合，因为大家都清楚，读写结合是实现语言文字运用的一条有效的途径。

　　二年级经验丰富的月英老师，勇于挑战自己，围绕《黄山奇石》课后的一个练习"读句子，用加点的词语说说图片里的石头，再选一张图片写下来"进行教学。

　　三年级年轻的芳慧老师文本把握准确，视角独特，根据《东方明珠》一课四字词语较多的语言特点，抓住四字词语的表达效果让学生尝试运用几个四字词语说一段话（说课文——说家乡）。其实，这一目标也是根据本单元的"口语交际"和"习作"来制定的——

　　　　口语交际：背景是香港、西沙群岛、小兴安岭……这些美丽的地方多么令人神往！……让我们相互介绍自己去过的地方或最想去的地方，要尽量说得生动一些，使听的人也想去。

　　　　习作：我们向同学介绍了自己去过的地方，现在我们来写一写，要写出这个地方怎么吸引人……运用四字词语就为写好一个地方做了一定的铺垫，尽管不是运用好四字词语就能把一个地方的特点写好的，但它毕竟是一种方法，一种写作技巧。

四年级安源老师独具慧眼，学习目标是根据课文后面泡泡语"在小木偶身上，后来又会发生什么呢？我来接着编下去"和园地三口语交际和习作中的"写童话"来确定的。

五年级石瑞娟老师也独具慧眼，学习目标是根据单元导读"阅读本组课文，要抓住主要内容，了解不同地域的民族风情特点，还要揣摩作者是怎样写出景物、风情的特点的"以及课后的"小练笔"——写一段话，写写家乡某个物，要写出特点来确定的。

这四节课，给我们一个很大的启示：不能忽视课文以外的这些教学内容。

其实，单元导语、课后练习、语文园地、口语交际与习作、泡泡语等，有一个共同的名称"教材辅助内容"。名为"辅助"，其实很重要，因为这些都是作者为了帮助学生更好地理解文章内容、掌握知识要点、进行语文能力和思维训练，而精心设计的除"课文"之外的教学内容，它们都有提示语文学习重点、明确读写训练点的作用。我们在研读教材的时候，千万不能忽视，要像研读课文一样认真研读，这些内容往往能提示我们准确确定教学目标，精心选择教学内容。

例如，四下《狼牙山五壮士》课后的练习：

课文两次讲到完成掩护任务，哪一次是作为重点来写的？为什么？

这就提示我们：把详略得当作为读写结合的训练点去教学。

不仅如此，每个单元还都有一条明晰的线索，将这些辅助内容串联了起来，一般是前面有布置，中间有铺垫，后面有复习、拓展和交流，使整组教材成为一个互相联系的整体。

例如，四上第三单元是一组"童话"，重点是让学生了解童话、品味童话的语言、体会童话的特点、感受童话的魅力。所以在导语部分即提出了要求，在课文学习中，主要是通过课后的练习（《巨人的花园》：课文中的许多地方，读了以后能够在头脑中浮现画面，例如……让我们从课文中找一找，互相说说想象到的画面，并抄写喜欢的句子）、资料袋（《巨人的花园》后）、综合性学习以及口语交际、习作（让学生读童话、讲童话、编童话、演童话）等，让学生了解童话的特点。在语文园地"我的发现"中，则通过小林与小东的一段对话总结了童话的特点。

如果我们能以整组教材的理念来研读课文，就能建立起单篇课文与整组课文之间的关联，这样就很容易把握各个语文要素，开发出有价值的读写结合训练点。

读写结合要落到"点"上

这几周，连续听了四年级陈红、马志华、张丽华三位老师的课。陈红执教的是《万年牢》，目标是动作描写；志华执教的是《将心比心》，目标是语言描写；丽华执教的是《尊严》，目标是外貌描写。很显然，四年级组有非常明确的研究方向：读写结合。从三节课的教学过程来看，都有着强烈的从"教课文"到"教语文"的意识，都在努力跳出"课文"教"语文"，思路清晰，线条明朗，由读到写，干净利落，毫不拖泥带水，尤其值得肯定、赞赏！但是，也有值得商榷之处。

乍看三节课的读写结合点：动作描写、语言描写、外貌描写很明确。但仔细琢磨，似乎又不太明确。因为不管是动作描写、语言描写还是外貌描写，都包括很多方面的内容：什么是语言（动作、外貌）描写？有什么表达效果？怎么进行描写？每一方面又都包含很多的"点"。比如语言描写，从概念上来讲，语言描写就包括人物的独白和对话。独白是反映人物心理活动的重要手段。对话可以是两个人的对话，也可以是几个人的交流谈话。从表达效果来讲，语言描写不仅能鲜明地展示人物的性格，生动地表现人物的思想感情，还能深刻地反映人物的内心世界。除此之外，对话还能推动情节的发展，比如，有的文章就主要通过人物对话来展开故事情节，像《坐井观天》《陶罐和铁罐》等。如何进行语言描写呢？又有很多种方法：其一，语言要能显示人物的身份地位、年龄特点、生活经历和性格特点，尤其是要写出人物的个性特点和精神风貌。其二，语言描写要符合说话时的场景。其三，要辅以人物说话时的神态、动作、表情等，这样，人物性格会更鲜明、生动，人物形象会更具感染力。其四，还要注意提示语的位置安排和标点符号的正确使用等。也就是说，动作描写、语言描写、外貌描写都不是一个"面"、一个"点"，而是一个"体"。

一节课四十分钟，不可能面面俱到，点点俱到，否则就是点到为止，打一枪换一个地方，必定是水过地皮湿的浅尝辄止。所以，要想真正落实由读到写，必须根据文本特点，从这个"体"中选一个实、精、清的"点"，朝深处去挖，直至挖出水。其实，这个"点"就是靶心，有了靶心，目标才明确，火力才集中，打中的机会才会更多。

建议各个教研组把类似语言描写、动作描写、外貌描写这样读写结合的"体"分解成一个一个的"点"，作为专题进行序列性的研究。哪个"点"该在哪个年级进行训练，训练到什么程度，都要研究得清清楚楚，透透彻彻，最终搞成一个序列。这样才能聚少成多，集腋成裘，为学生习作的成篇能力打下坚实的基础，让读写结合在细小精致、实实在在中前行！

读写结合要注重从读"悟"写

读写结合主要是读中悟法，读中学法。基本的教学流程是"寻找仿写点—领悟仿写点—运用仿写点—评价"。其中，"领悟仿写点"是由读到写的桥梁，是"认识"到"实践运用"的必经之路。但在实际操作中，不少老师不重视这一环节，轻则"悟"不到位，重则不"悟"，直接含糊笼统地"请大家仿照这一段的写法写一写"。结果是虚晃一枪，学而无获。

那么，在这一关键的环节中，到底要让学生"悟"什么？我认为，要引导学生一是"悟"这是一种什么样的写法，二是"悟"它有什么样的表达效果，三是"悟"怎么运用这种写法。

我们先来看低年级的一个课例片段：二下《数星星的孩子》中有这样一句话："一个孩子坐在院子里，靠着奶奶，仰着头，数着天空的星星。"

这是一个典型的联动式句型，在表达中常用到这种语言形式。学习这样的句型，对低年级孩子学习表达是很有好处的。有位教师是这样展开教学的：

读句子，圈出写小张衡数星星的动作的词，读正确。

师：这些动作都是谁做的？

生：张衡，那个数星星的孩子。

师：对，我用其中一个动作词来说一句话："一个孩子坐在院子里。"像这样，你也能说吗？

根据学生说的句子，相继出示：

一个孩子坐在院子里。

一个孩子靠着奶奶。

一个孩子仰着头。

一个孩子指着天空。

一个孩子数星星。

师：请大家读一读这些句子。如果课文就这样写，你喜欢读吗？为什么？

生1：太啰唆了。

生2：都是讲一个人的，不用一次次老是说"一个孩子"。

师：是呀，这些动作都是一个人做的，我们只需在句子开头说一次就行了。那我们就把它们变回一个长句子。（课件演绎四句短句变成长句的动态过程）

师：这时候，奶奶是这样做的。（出示以下句子让学生读）

奶奶坐在椅子上。

奶奶搂着张衡。

奶奶笑眯眯地看着他数星星。

这样说太啰唆了，请你改成一个长句子：

生：奶奶坐在椅子上，搂着张衡，笑眯眯地看着他数星星。

这一环节，老师引导学生充分体会了联动句式的特点和表达效果，真正让学生经历了一个"认识—领悟—运用"的过程，真正实现了读中学说。

再比如，我校窦明奇老师2012年参加全国第九届青年教师阅读大赛执教的《"精彩极了"和"糟糕透了"》一课，确定了这样一个读写的结合点：我冲出饭厅，跑进自己的房间后，母亲和父亲还会争吵些什么呢？结果会怎么样？请仿照课文中"父母激烈的争吵"一部分的对话方式写一写。

首先让学生弄清这段对话描写的独特之处：一是运用了人物语言独立

成段的写法，以突出父母看法的截然不同；二是作者精心安排提示语的位置，或在中间或在后面，没有在前面的；三是提示语中都有对人物语气、动作、神态的描写。

为什么这样写呢？因为这样写能表现父母争吵的激烈。

接下来让学生仿写的时候，又给了学生几点"续写"提示：

每个人的话语要独立成段；提示语的位置要符合争吵的场面；提示语中要有描写人物说话时语气、神态、动作的词语。这也充分体现了"认识—领悟—运用"这样一个从读"悟"写的过程。

我校赵瑞红老师参加全省优质课执教的《学会看病》一课的读写结合也经历了这样一个过程。读写结合点：尝试运用心理描写的不同形式（对别人说、对自己说），补写儿子的心理活动。

首先让学生感受心理描写的作用（能表达人物情感），接着让学生感知心理描写的两种不同形式：对别人说、对自己说（问自己），最后是读写结合：

请大家从下面两种情景中任选一种，运用本节课学到的心理描写的不同形式，补充儿子的心理活动。

　　儿子摇摇晃晃地走出了家门，望着街上来来往往的汽车……

　　儿子看完了病，走在回家的路上……

总之，"悟"是写的基础和前提，学生只有弄清了这是一种什么方法，它有什么表达效果，怎么运用这种方法，才会有想学这个方法的冲动和愿望，才能知道怎么运用。否则，写就是无源之水，无本之木。

评课要"聚焦一点谈深谈透"

——"三六五"模式创新研讨课断想

评课的过程实际上是对课的再思考、再理解的过程，更是一个内化的过程。因此，评课不求全面，但求深入、深刻，抓住一点，把它展开来，说出自己真实的感受和思考，客观地评、真实地评、真诚地评，评出优点、评出问题、评出方向。这样才说明你对这堂课或某个环节有比较到位的理解，你听这节课的收获比较大，自己便能在这样的思考中不断获得进步。

怎么评得客观、真实、真诚？评出优点、问题、方向？这就像我们备课确定教学目标一样，一定要聚焦一点，好，好在哪里，不好，不好在哪里，原因是什么，好的怎么学习吸收，不好的怎么改进提升，都要谈深谈透，让大家听了你的点评之后，清清楚楚，明明白白，心服口服。

所以，评课其实就是针对一节或多节课提出自己的看法，并说明自己为什么有这种看法的过程。类似写一篇议论文，你的看法即"论点"，说明自己之所以有这种想法的过程就是论证的过程，用以说明自己想法的内容即论据。

怎么聚焦一点，谈深谈透，让大家听了清清楚楚，明明白白，心服口服呢？很显然，论据得充分！要多角度证明自己的看法。既可以结合课标的要求、文本的特点、学生的学情，也可以结合老师的课堂操作、教学艺术以及学生课堂上的学习状态和学习效果。甚至还可以从学生的听课习惯、学科素养表现（这班孩子会朗读，会体会，会思考，会表达；这班孩子书写又好又快，四年级上学期刚开学，小练笔时七八分钟时间就写了 120 个字左右）。论据越充分、越具体，越能让人信服！

评课切忌泛泛而谈，说一些"这课上得真不错，听了很感动，值得我学习"之类不疼不痒，没有自己具体看法和想法的话。这样，至少说明你对课的理解还是朦胧和模糊的。而对课的理解，如果只是停留在朦胧和模糊状态下，一转身就会忘记，对自己的帮助、促进不大。这样的评课是低效甚至无效的。

当然，如果收获多、想法多、启发多，也可以多谈几点，但每一点都要多角度寻找论据，谈深谈透！

让课堂充满激情

最近听课，发现个别课堂呈现这样一种状态——学生心不在焉、冷漠懒散、目光呆滞、朗读或回答问题有气无力……更令人费解的是，面对此情此景，此形此声，老师视而不见，不急不躁，任由这种状态蔓延课堂……

这样的课堂，缺少了一种精气神儿！换言之，缺少了一种激情！

苏霍姆林斯基曾说："有激情的课堂教学，能够使学生带着一种高涨的、激动的情绪从事学习和思考，对面前展示的内容感到惊奇甚至震惊，学生在学习中感受到自己的智慧和力量，体验到创造的欢乐，为人的智慧和意志的伟大而感到高傲。"那么，课堂的激情从哪儿来？毋庸置疑，教师！

激情是一种极富感染力和推动力的精神状态，教师的教学激情直接影响着学生课堂上的精神状态，学生的精神状态又直接影响着学生的课堂学习效率，而学生的课堂学习效率是决定课堂教学质量的关键因素。因此，课堂教学需要老师充满激情。

学生学习的过程不单是接受的过程，更是思维和创造的过程，而思维和创造都需要激情的点燃和鼓动。课堂上，教师的激情就像一台马达，不停地推动学生在课堂上运转，鼓动学生的活力，激发学生的兴趣，活跃学生的思维，使学生全神贯注于课堂。而学生的全身心投入，又会给教师注入激情的电流，如此，师生共同营造一个激情课堂。

窦桂梅老师说："没有激情的课堂就像一口枯井，没有激情的男教师就像立不起来的空麻袋，没有激情的女教师就像没有光泽的旧瓷器。"当然，激情是各具特色的，或深沉，或奔放，或小桥流水，或热情激荡。尽管如此丰富多样，却有一点是共通的——都饱含着老师对学生的真诚和对课堂的敬畏！置身于这样的课堂，你会情不自禁地被感染，被感动，被融化……

举"重"若"轻"，趣与古文"喜相逢"

今天的异步授课，是三年级刚刚入职的刘艳菲老师执教语文三上 24 课《司马光》。本课是统编教材中首篇以课文形式出现的文言文。作为首篇文言文课文，本课有着举足轻重的作用。老师如何教，将决定学生日后对文言文学习的情感、态度和价值观。没有想到，这个初出茅庐、身材瘦小、不事张扬，总是不温不火、淡定从容的小姑娘竟举"重"若"轻"，让学生在兴趣盎然中与古文"喜相逢"。

一提起司马光，大家都会想到一个家喻户晓的故事——司马光砸缸。所以，一开课，艳菲老师便以"司马光砸缸"图引入：这是一个什么故事？

学生轻松回答："司马光砸缸。"

艳菲老师接着出示白话文与文言文比较：这篇课文与"司马光砸缸"的故事有什么不同？

此问题意在引导学生初识文言文的语言特点，引起学生对文言文的好奇和兴趣，很有必要。只是指向性不太明确，导致学生泛泛而谈，有些浪费时间。可改为：这篇课文与"司马光砸缸"的故事在语言上有什么不同？

接下来，以"这节课我们一起来看看文言文是怎样叙述《司马光》这个小故事的"过渡到初读环节。老师先范读，读得字正腔圆、抑扬顿挫，非常投入。接着，老师领读、学生自由试读、指名读、画停顿线读、去掉生字拼音读，其间，相机指导"瓮、跌"的读音（其实，"没 mò"的读音也是难点，深入水中之意，在文中指登瓮的孩子沉没于水中，也应该指导一下），行云流水、扎实有效，在一遍遍的朗读中，在老师适时的指导下，学生读得越来越好。

紧接着，艳菲老师带领学生进入下一个环节：理解句意。此环节，主要引导学生借助绘本"司马光"的连环图画和注释来理解，通过自由说、小组互说补充，给了学生充分的自学自悟的空间，尤其是借助连环画理解，设计非常巧妙，一是平添了趣味，二是给学生的理解搭建了支架，让学生在熟悉的故事和感兴趣的图画中，轻松愉快地开启文言文的学习，既没有生疏感，也没有畏难情绪，这是最重要的。唯一遗憾的是，"结合注释"的阅读理解方式虽不是第一次出现，但却是文言文学习的一种重要方法，老师没有明确地指出来，并加以强调。

在引导学生理解的过程中，艳菲老师紧紧抓住"戏、瓮、登、跌、庭、迸"几个关键词，借助图画、字理、注释等多种方法，让学生不仅知其然，还知其所以然，使得理解逐步准确、到位、深入，很好地体现了老师的有效指导和学生的有效学习。

为了加深学生的理解、感悟，艳菲老师还根据文本的空白点"众皆弃去"，让学生用"大家都慌了，有的……有的……有的……"展开想象，适时对学生进行语言训练，并与"光持石击瓮破之"进行对比，感受司马光冷静、聪明机智的特点。

接下来的背诵环节，艳菲老师的设计也很巧妙——仍然借助图片，从逐句补充到全文背诵，由易到难，引导学生背诵：先出示连环图及对应的原句，然后隐去个别分句让学生背（其实是我们常用的镂空式背诵），因为有前后分句的提示，学生背得很轻松。接下来加大难度——看图背诵全文，因为有前面的熟读、理解和镂空式背诵，大部分学生也能熟练背诵。此环节最后，再次对比文言文与现代文的区别：语言简练、字数少、句子短，并让学生把这些区别批注在课后第三题的后面，从而结束本节课。

　　综观本节课，目标明确，学生收获也很明确：读通、读懂了这篇文言文；感受到了文言文语言上的特点；发展了理解、表达等基本能力。更重要的是，让学生轻松愉快地开启了文言文的学习。真诚地为善思考、有悟性的艳菲老师点赞！

　　但是，仔细琢磨，还感觉这节课缺点儿味道儿——文言文的学习，除了读通、读懂，还要让学生读出文言文的韵味儿。语言学者张必锟老师在其著作《我教语文》第一篇中就旗帜鲜明地提出：学文言文非诵读不可。谈及原因，张教授说："简单地说，就是为了培养语感。没有良好的语感，任何一种语言都是难以学好的。"张老师长期教中学语文尚且如此，小学更应如此。怎么才能让学生读出文言文的韵味儿？

　　读准字音所传达的意思。读现代文要"正确、流利，有感情"，文言文也应如此。只有读准字音，才能正确地理解。比如"没水中"的"没"是多音字，初读时，必定有孩子误读为"méi"，本节课上就有学生这样读。当时，艳菲老师虽然给予了及时纠正，但还不够，还应该将"mò"音与其对比，让学生通过联系上下文明确"没 méi 有水中"是不合情理、解释不通的，应该是"沉没 mò 于水中"之意，所以在这里应该读"没 mò"。这样，就给了学生一个比较、思考、品味的过程，比起简单直接地告知，这才是真正的学习。

　　借助音调变化读出所传达的情感。文言文对于音调虽不像诗词那样有严格的律调要求，但也讲究一定的平仄规律，也有一定的韵律和节奏。朗读时只要稍加注意，就会收到极好的效果。比如"庭"字为平声，"群儿戏于庭"，结合前文中的"戏"，若能适当地延长一下"庭'的读音，就能把群儿"追逐嬉戏"的轻松愉悦之意读出来。下一句"一儿登瓮"的"瓮"为仄声，仄声有短促紧张之感，不妨把"瓮"读得短促一点儿，那种情况危急、令人紧张的气氛自然就有了。再比如"迸"字为仄声，极其传神地写出了瓮中的水急速向外涌出的力量，只有读得短促响亮一些，才可以表现出这种情势。最后的"儿得活"是一个美好圆满的结局，读的时候，若把其中的"儿""活"适当地延长一下，那种庆幸、喜悦之情也就表达出来了。此时，还可以让孩子们配合字音的延长加上一些动作，比如：欢呼雀跃、相拥而泣、呆立回神等各种转危为安的反应。这样，会让课堂产生戏剧化的效果！

借助节奏变化读出所表达的情感。每个人说话声音的高低、强弱、长短，都有自己固定的习惯，都可以形成自己的节奏感。只是，这是未经加工的、不很鲜明的自然节奏。但是，好的书面语言都是在自然节奏的基础上，遵循一定的规律加工而成的，节奏感更加鲜明，尤其是文言文，更有不同于白话文的特殊韵味。除了每个字本身的音调对语言的节奏有一定的影响，句子的结构组成更是影响语言节奏的重要因素。如"光持石击瓮破之"这七个字，主语"光"之后三个连续的动作描写——"持石""击瓮""破之"，都是两个字，整齐、紧凑，有一种让人不能喘息的紧张，非常传神地写出了情形之紧迫、救人之心切！朗读时，无论是力度还是速度，都要适当加强加快。还可引导学生通过反复诵读"持石/击瓮/破之……"来感受司马光的勇敢和智慧。其后的"水迸"可谓精妙绝妙！因"迸"的发音本身就极具爆发力，加之前面三个动作的蓄势，至此就达到了一个诵读上的爆发，将瓮中之水的奔泻之势淋漓尽致地表现了出来。读的时候，不仅要把"迸"读得短促、响亮、有力，读后，还可以稍作停顿，以表现由此带来的胜利、喜悦之情。

这样的朗读指导，意在因"音"利导，循"声"问道，帮助孩子借助声音进入情境，让文字在孩子心中"活"起来。

指导学生背诵，除了借助图画，方式还可以再灵活多样一些。比如，可以还原古文的模样，将文字竖着排列让学生读，去掉标点读，用繁体字竖排且去标点读，用篆书竖排去标点读。这样，反复变换形式，不仅有趣、有序、有理，也有效，熟读成诵便成自然。

让我们的"异步授课"再常态些

开学以后，各教研组的异步授课有序进行，如火如荼，风生水起。感谢各位组长的用心组织和指导，感谢各位执教老师的认真对待，倾情巨献。几周下来，收获颇丰，感悟良多。

一、要准确定位异步授课

"集体备课，异步授课。"集体备课是指开学初由教研组长为本组老师分配备课任务，各位老师根据组长的安排，对分配给的教学内容进行主备，以后在教研组长的组织下，在相应的集体备课时间进行集体研讨，对主备教案进行完善、修改、增删，形成比较成熟的"共案"，然后，由主备人提前进度进行"试教"，这就是我们说的"异步授课"。目的是让主备教师先按"共案"上一上，看行不行，还存在哪些问题，针对现存问题教研组再次研讨、修改、完善，最后，其他老师再按最后的"共案"上课。

二、要切实备好自己主备的课

我们学校规模大，人员多，语文、数学一个教研组少则七八人，多则十三四人。比如语文，有的组就多达十四人。每册教材也就三四十篇课文，加上"园地"，每人最多也就三四课。一个人一学期细备三四课应该不是太大的负担。其实，所有的课都是相通的，如果一个学期能认认真真、彻彻底底地备上三四课，这对个人的课堂教学实践能力的促进是不可估量的。其实，我们"集体备课，异步授课"的过程就是磨课的过程，磨课即磨人。几乎所有经历过磨课的教师都会用"痛并快乐"来形容那段记忆深刻的感受——既有江郎才尽时的失望懊悔，也有临阵磨枪后的得意满盈；既有取舍决断时的左右为难，也有当机立断后的酣畅淋漓；既有山重水复疑无路的无限迷茫，也有柳暗花明又一村的不尽惊喜……正如特级教师王崧舟所言：砂石磨出了她的清澈，沟壑磨出了她的激越，堤坝磨出了她的汹涌，峡谷磨出了她的奔腾。每一次磨课都是一次破茧成蝶的蜕变，每一次磨课都是一次凤凰涅槃的重生。磨课，是教师专业化成长的练功场。磨课，能促使教师从普通走向优秀，从优秀走向卓越，从卓越走向专家。

三、要认真反思每一节"异步授课"的课

如果我们每个教研组都能按学校要求进行"集体备课，异步授课"的话，那么，每节"异步授课"的课都是经过反复打磨的课，是值得研读、借鉴、学习的课。所以，各位听课老师一定要珍惜机会认真听课、评课，带着自己对教材的理解、思考和困惑去听，边听边思，及时记下自己的感想。听完以后，教研组长一定要挤时间组织评课，优点要说足，问题要说透，针对问题，还要进一步研讨：为什么会出现这样的问题？该如何解决？

因为"异步授课"就是在进行"课例研究",就是在解决问题,积累优秀课例,探求教学规律。让每个教研组"异步授课"后做个总结,自己每节课上完以后也要及时写写反思,也是想督促大家及时反思。因为人人都有惰性,督促一下就能遏制这种惰性。

说到反思,就想到了叶澜教授说的那句话:"一个教师写一辈子教案难以成为名师,但如果写三年反思则有可能成为名师。"我国著名心理学家林崇德也提出了"优秀教师=教学过程+反思"的成长模式。如果一个教师仅仅满足于获得经验而不对经验进行深入的思考,那么,即使是有二十年的教学经验,也许只是20次的重复;除非善于从经验反思中吸取教益,否则就不可能有什么改进。教学反思可以激活教师的教学智慧,探索教材内容的崭新呈现方式,构建师生互动机制及学生学习新方式,它是我们教师成长的"催化剂",是教师发展的重要基础。是否具有反思的意识和能力,是区别作为技术人员的经验型教师与作为研究人员的学者型教师的主要指标之一。

写反思的目的是为了从经验反思中吸取教益,走"实践—反思—再实践"的路子。这里的再次实践是非常重要的,这次实践是在反思基础上,利用科学的方法、理性的思维来指导我们的教学行为。

经过反思后的再实践,就会让我们的课堂教学更有效,更为关键的是我们在这个"实践—反思—再实践"的过程中提升了专业素质,成长了!

需要提醒大家一点的是,我们切不可为了写反思而写反思,甚至是迫于学校的要求硬着头皮写反思。这样的反思是毫无意义的,别说写三年,就是写上五年、十年也是难成名师的。

四、正确对待"共案"和"个案"

这段时间,发现个别老师对"共案""个案"有些顾虑:"共案"太详、太完善了,老师们不好再增删、修改为"个案",检查教案时"个案"

一项就会失分；"共案"太简、不完善了，"共案"一项就会失分。因此觉得很矛盾、纠结。

我觉得，大可不必矛盾、纠结。在这里，我想说说我对"共案""个案"的理解。"共案"是大家对某节课的教学方法和目标的统一认识，具有引领的作用，侧重的是对教材的分析、研究与把握，特别是重点、难点的解决和突破方法。但是，每个人所面对的学生是不一样的，每个人的教学特点和风格也是不一样的，所以，在"共案"的基础上，每个老师还有必要对"共案"做进一步调整和增删，在"共案"上批批画画，从而形成适合班级特点的"个案"。但是，除此之外，如果你非常认同这个教案，符合你的教学特点和学情，没什么可增删、修改的，那就可以写写这个教案的设计好在哪里，为什么好，在个别环节做做批注，写写自己的感悟。这就是在研究课例，就是以研究的态度对待每一节课！

五、让我们的"异步授课"再常态些

我们的"异步授课"是对常态课的研讨，追求的是实效性。所以，要求大家要上得扎实、实在，课堂上能让听课人看到学生的进步、发展和收获，而不是单单展示教学环节的设计和教师个人的素质。有效和高效的课堂并不是内容越多越好，而是要在了解学生的实际发展水平和特点的基础上，合理地确定教学内容，以"精讲多练"的方式落实教学内容，让学生在知识、能力、方法、情感等方面有最大限度的发展、提高、成长、收获。所以，希望执教的老师不要认为有老师听课就非常态，这样，就失去我们"异步授课"的意义了。

教师的成长是一辈子的事，作为教师，要永远保持成长的姿态！认真对待我们的"集体备课，异步授课"，就是最好的成长姿态！

让学生把自己的感悟说出来

关于理解感悟，叶圣陶先生有过这么一段精彩的比喻："文字是一道桥梁，这边的桥堍站着读者，那边的桥堍站着作者。通过这道桥梁，读者才能和作者会面，不但见面，并且了解作者的心情，和作者的心情相契合。这个桥梁，就是理解感悟。"由此可见，理解感悟是阅读的关键。

在近段听课的过程中，发现不少老师在课堂上讲得太匆忙，一是给学生阅读感悟的时间少，二是引导和点拨意识不强，导致学生还来不及思考感悟，或者思考感悟还不到火候时便被迫谈感悟，谈体会，谈收获。结果，都是浅层次地一句两句便草草结束，即使是高年级的孩子也是如此。这是一个值得大家警惕的问题。

《义务教育语文课程标准》中指出，"阅读教学是学生、教师、文本之间的对话。阅读是学生的个性化行为，不应以教师的分析来代替学生的阅读实践。应让学生在主动积极的思维和情感活动中，加深理解和体验，有所感悟和思考，受到情感熏陶，获得启迪，享受审美乐趣。要珍视学生独特的感受、体验和理解"。这段话告诉我们，理解感悟是一种个体心理行为，不能告诉，不能灌输，不能复制，不能替代。但是，这绝不是不要老师的引导和点拨，相反，更需要老师在课堂教学中通过各种渠道来加深学生的理解、体验和感悟。因为教学即教学生学（指导、帮助），即"帮学"；课堂教学即课堂中教学生学，即教师在课堂中指导、帮助和促进学生与文本、教师、同学"对话"。课堂发生"对话"，学习才能发生！教师促进"对话"，就能促进学习。

课堂的英文单词"lesson"来自拉丁语"lectio"，代表"阅读和说出来"。只有学习者能够把自己的理解、建构与思考说出来，学习才真正发生了。语文课堂更应该是这样的。而且在语文课堂上，我们还不能仅仅满足于学生能把自己的理解、建构与思考说出来，还得说清楚，说条理，说具体，说生动。

怎么指导、帮助学生把自己的阅读理解说清楚，说条理，说具体，说生动呢？

一、读中感悟

说感悟必须有感悟，否则就是无病呻吟、故弄玄虚。"读书百遍，其义自见。"古人在长期的阅读实践中积累了丰富的感悟经验，其核心就是注重读。在阅读教学中，老师应加强读的指导，让学生通过读来感知课文的主要内容，通过读来体会课文表达的思想感情，通过读来品味、揣摩语言文字，理解语言文字的内涵，领悟语言文字的表达方法和技巧。

（一）指导学生读的方式。读的基本方式主要有两种：一是朗读，二是默读。朗读是一种目视其文、口发其声、耳听心想、心通其情、意会其理的综合阅读活动。学生的朗读效果与其对语言的感悟程度一般是成正比的。从某种意义上说，教师指导学生朗读就是在指导学生感悟。于永正老师备课总是先备"读"，拿到一篇课文他总是反复读，读正确，读流利，读出感情，读出语感，读出遣词造句谋篇的妙处，一直读到"其言皆若出于吾之口""其意皆若出于吾之心"为止。课堂上，于老师做的第一件事情也是指导学生把课文读正确、流畅，每篇课文，他都花一节课时间指导读，做到每个人都读通顺，一部分人读出感情。接下来要做的第二件事就是品味赏读，或抓住在文章的结构中起关键作用的词语、表现力特别强的词语，或抓住特别精彩的句段，或抓住表现手法上的精彩之处等。第三件事就是精彩之处熟读成诵，通过朗读来表达自己的理解和感悟。

在此过程中，老师要适时适度地指点迷津和激励，让学生在感悟中学会感悟，在阅读中学会阅读，而不是单单为了理解、领会内容。

在加强朗读指导的同时，也不能忽视默读的指导。一般来说，朗读有助于品味、体会，默读有助于思考、探究。感知课文的主要内容，领悟语言文字的表达方法和技巧时，可以采取默读、轻声读的方式；品味、揣摩语言文字，体会文本表达的思想感情时，一般应采用朗读的方式。文质兼美、感情浓厚、节奏感强、篇幅短小的散文、诗歌应以朗读为主，自然科学方面的说明文、篇幅较长的课文应以默读为主。

（二）要指导学生读的方法。读的基本方法也主要有两种：一是精读，二是略读。精读是一种精心、精细的读，略读是一种粗略、简略的读。一般来说，初步感知课文的主要内容，学习课文中的非重点句、段时，可以引导学生略读；学习课文中的重点句、段，感悟课文中的关键之处、精妙之处，品味、揣摩语言文字时，应引导学生精细地读、反复地读。有感情朗读就是一种很好的精读方式，是感悟语言的一种有效方法。我们需要明确的是，真正意义上的朗读应该是情感体验、心灵碰撞的表现和表达，有感情地朗读应是受到文章的感染，与课文的情感产生共鸣后感情的自然流露，应达到"其言皆若出于吾之口，其意皆若出于吾之心"的效果。因此指导学生有感情朗读时，应引导学生反复读书，做到情有所感、理有所悟，把自己的深切感受通过朗读表达出来，而不单单要求学生在重音、停顿、语调等所谓的朗读技巧上下功夫，否则，学生的朗读就有可能拿腔拿调，浮于表面。

（三）要培养学生边读边想的阅读习惯。边读边想是一种最基本的阅读思维方法。教学中，老师要创设适当的问题情境，精心设计问题，让学生带着问题去读，在读中解决问题，同时，还要鼓励学生质疑，让学生学会在思中生疑、思中感悟，让学生的思始终处于活跃状态，使阅读教学过程成为学生无疑—有疑—无疑的过程。这样，才能生发有个性、有价值的感悟。

二、说出感悟

学生通过深入的读、思，真正有了一定的感悟时，就会有一种要说出来的冲动，但很多时候又处于一种"只可意会，不可言传""明于心而不明于口"，或者是不能充分表达的状态。这就是孔子说的"不愤不启，不悱不发"，此时，就需要我们把握契机，适时指导，让学生清楚、准确、具体、形象地说出自己的感悟，说出对课文内容的理解，对人物品格精神的感受，对语言文字的赏析、品味等。

抓关键语句是说出自己感悟的主要方法。什么是关键的词句？

表现文章中心或主旨的词句。

揭示课文内容或句子意义的词句。

在文中地位特殊的句子。

让学生感受最深的词句。

表现人物性格特点的词句。

揭示事情隐含深刻道理的词句。

表现景物特点的词句。

怎么说出自己的感悟？

（一）从思想内容上谈自己对某一关键词句的理解。

结合字词典谈理解。

联系上下文谈理解。

联系自己的生活经历，展开联想和想象谈理解。

（二）从语言形式上谈对某一词句妙用的理解。语言的表达形式往往决定着文本的内容走向，遣词造句往往影响着作者的情感表达，这就是语言表达的精妙。所以说，一篇文章中关键的字、词、句，甚至是标点，都是不容忽视的。

如一上《四季》一文，几处都运用到了叠音词：草芽尖尖、荷叶圆圆、谷穗弯弯，作者为什么不说草芽"很尖"，荷叶"很圆"，谷穗"很弯"，而要说"尖尖""圆圆""弯弯"呢？这就要考虑叠音词不仅读起来朗朗上口，而且听起来也声声悦耳，节奏明快的特点及其在表情达意方面的作用。

（三）从具体写法上谈。每一篇文章都会采用很多种写作方法，如叙述、说明、描写、抒情、议论等表达方法，想象、联想、象征、烘托等表现手法，比喻、排比、反问、夸张等修辞手法。单从描写这一表达方法来讲，就有外貌、动作、语言、环境、景物等多种描写方法，这些方法各有其独特的表达效果。除此之外，还有开头结尾、过渡照应、段式句式结构等不同的方法。如鲁教四（上）、人教四下《记金华的双龙洞》第 5 段对小船的描写："怎样小的小船呢？两个人并排仰卧，刚合适，再没法容第三个人，是这样小的小船"。这段话是在表达什么意思呢？读了这段话有什么感觉呢？又是用什么方法表达的呢？很显然，这是在告诉我们这只小船很小很小，尽管很小，但是作者却觉得很有意思。为什么有这样的感觉呢？首先是因为其中的设问句式让这句话首尾呼应，其次是四个"小"字的重复使用，这些独特的表达方法，它们都是在强调这只小船的小。正是因为这些独特的表达方法，才让我们有了这样的感觉，这就是语言的精妙之处。

（四）展开想象谈自己的感觉。就是说，读到或读了某个词句后，仿佛看到、听到、闻到、触到、感到了什么。比如，《雷雨》"满天的乌云，黑沉沉地压下来"中的"压"字："压"的"厂"代表山崖崩塌，泥"土"坠落下来，一点表示土块七零八落。一个"压"字，让我们感觉到雷雨前，乌云很厚、很低、很重，连天空都托不住它们了。这些乌云像崩塌的山崖就要掉下来了，似乎马上就要砸到我们头顶上了，让人担心、害怕、压抑。这样，把抽象的语言文字所描绘的生动情景和形象，通过大脑加工改造，转换成生动的图像资料，就加深了学生对语言文字的感悟。通过语言文字想象画面，通过想象中的画面感悟语言文字，这是培养学生语言感受能力的重要环节。从读写结合的角度，在阅读中展开想象也是很有必要的。再者，展开想象还是培养学生创造性思维的重要手段。

如果我们能坚持有计划有目的地对学生进行指导，学生就能把自己的感悟谈充分，而不是一两句话后便无话可说。同时，我们也要尊重学生之间的差异，允许学生的感悟存在差异、体现个性，更要允许一些学生对一些词句只能意会、不可言传的现实情况。遇到此类"只能意会、不可言传"的情况时，我们大可不必难为学生一定说出来，权且让他们以朗读来表达自己的感受，直到读到"其言皆若出于吾之口""其意皆若出于吾之心"为止。

我这样理解"解读教材"

——新任教师教学素养展示有感

今天下午，教学发展研究中心举行本学期新任教师教学素养展示活动。因为学科多，我"串场"式听了部分语文老师的教材解读。很欣喜，大家不愧是过五关斩六将脱颖而出的优秀老师，不仅素质高，而且也能强烈地感受到大家对待这次活动认真、用心的态度。但是，也存在问题，大部分老师对"教材解读"的理解有偏差，误把教材解读当成说课了。

说课要求说教材、说教法、说学法、说教学过程。教材解读只是说课的一个部分，即说教材。

教材是老师教和学生学的凭借。尤其是我们的语文学科，跟其他学科不一样，其他学科的教学内容都是以知识和能力点呈现的，但是我们语文却是以文本，也就是说，以一篇一篇的课文来呈现的。我们说，一篇课文承载的东西是很多的，同样一篇课文，可以作为小学教材，也可以作为中学甚至大学的教材，在小学，也可以放在不同的年级。放在不同的学段或年段，它的教材价值是不一样的，选择的教学内容也是不一样的。这就需要我们从中准确地选择合适的教学内容。这个过程，就是教材解读的过程，也是非常重要的过程。从这个意义上来说，语文学科的教材解读更为重要，是语文教师最重要的基本功，它直接制约着教师对教材的理解能力和教学设计的能力，直接关系到我们的教学效果。

有专家认为，对教材的独特理解是课堂教学的神之所在，教学操作是课堂教学形之所在，形神兼备方乃成功。一节好的语文课，之所以好，除了教学设计精妙、学生教学方法灵活，还在于这节课独特的教学视角——所选择的这个训练点既准确又是我们没想到的。这就是执教老师对教材的解读比较到位，他读出了文本一般人发现不了的教学价值。

一、怎么解读教材

怎么解读教材？我想应该有这样一个基本的来回——也就是一个完整的过程，那就是走进去，走出来。

（一）走进去。就是要站在作者和你个人的角度对文本进行全面立体的解读，尽量多地解读出这个文本的教学价值，它写了什么，写作的目的是什么，哪儿写得好，为什么好，是怎么写的。具体地说，就是要看一篇文章用什么样的语言文字反映了什么样的内容，用什么样的结构体现了什么样的思路，用什么样的内容证明了什么样的观点，表达了什么样的思想感情。然后再回过头来，看文本为了说明观点或表达情感，用了怎样的结构、怎样的语言，为什么要采用这样的结构、这样的语言、这样的写法，哪些值得我们借鉴、模仿。

（二）走出来。一篇文章有很多可借鉴和模仿的地方，它的教学价值是多元的、多方面的，但是，我们不能一股脑儿地都教给学生。所以，还需要我们从文本（课文）当中走出来，对照课标、单元训练重点、课后的练习、泡泡语，包括课后的一类字和二类字，和学生已有的知识和能力，揣测编者的意图，看编者选编这篇课文的目的是什么，到底想让我们教给学生什么，这篇课文在这个年级、这个学期的利用价值是什么。从而选择合适的教学内容，确定适切的教学目标。

（三）对文本要细读精读。解读教材，一定要有细读精读的态度，一定要对文本进行反复研读，这就像我们指导学生读书一样，读通、读顺、读懂。试想，如果连原文的字句都读不通，怎么可能谈得上理解？我们经常可以看到，有的教师把教材拿到手里，不断大声地朗读，正所谓"读书百遍，其义自见"。千万不能文章还没有怎么读，就忙着看教参、找资料，上网搜寻各种教案设计，这样就舍本逐末了。

其实，这个过程也是一个人享受阅读、品味语言文字之美的过程，如同欣赏自然美景一样，只有在文本中慢慢地走，细细地品，才能从中发现别人不曾留意的细节，才知道自己要教什么，学生要学什么，才好决定怎么教，怎么学，才能胸有成竹地应对课堂教学的各种生成，课堂教学才会落实得好。

二、怎么提高解读教材能力

怎么才能把教材解读好？也就是说，怎么提高我们解读教材的能力？这就需要我们不断学习，不断提升个人的语文素养和能力。因为深厚的语文素养和能力是解读教材的支撑。解读教材需要具备哪些语文素养和能力呢？

（一）掌握一些必要的语文基础知识。比如文体知识（记叙文、说明文、散文、议论文、小说、诗歌的不同特点）、一些写作技法（叙述、说明、抒情、议论等表达方法，联想、想象、象征、烘托等表现手法，排比、拟人、夸张等修辞手法），以及各种文学、文化常识、历史知识要充分掌握，教学时方能得心应手。

（二）深厚的文化素养。语文课程涉及的知识面极广，上至天文地理，下至市井风俗，涉及古今中外。作为语文老师，要努力使自己成为一个博学多才的"杂家"，一定要养成阅读的好习惯，通过阅读开阔自己的视野。还要不断丰富自己的人生阅历，关注生活中的热点、焦点问题，寻找能引起学生心灵共鸣的切入点，把生活的源头活水引进课堂。

（三）勤于写作，在写作中提高写作素养和鉴赏能力。从一定意义上来说，解读教材的能力其实就是一个人的鉴赏能力以及写作能力的体现。我们说，鉴赏能力高不一定写作能力强，这就是我们常说的眼高手低。但写作能力强的人，鉴赏能力一般情况下也不会差。也就是说，你缺少写作经验，自身写作素养不高，是很难看出作品的奥妙的。所以，我们一定要做学生的表率，经常写点东西。阅读和写作是最能提升教师尤其是语文教师的专业素养的。如果能坚持五到十年，你不想成为优秀的教师都很难。

理解是否存在偏颇，也真诚地希望大家能发表自己的看法。

"语用"不能离"语境"

——"三六五"模式创新研讨课断想

心理学家研究：学语言不能从词典上学，没有具体的语言环境，任何一种语言都是学不好的。语文课上学生语言学习的路径是通过课文学习，借助课文中丰富的、规范的语言丰富学生的语言积累，规范学生的语言表达。课文不仅为学生提供了各种语言范型，也给学生提供了生动真实的富有意义的语境（语言学习环境）。因此，学习"语用"（学习语言文字运用）切不可离开课文的语境。

怎么才能做到不离"语境"？首先要让学生理解课文，这个理解有三层意思：

一是课文写了什么（内容）？

二是课文是怎么写的（写法）？

三是为什么要这样写（作用、表达效果）？

理解是运用的前提，不理解，运用就夹生。学习语言文字运用必须经过这样一个过程：理解内容—认识形式—实践操作。在这一点上，本次"三六五"模式创新研讨课上的几节课都体现得很好。

比如二年级月英老师围绕《黄山奇石》比喻句的认识和仿说——抓住典型段2、4段，先让学生朗读、体会，很显然，这一步是让学生理解内容。然后，引导学生通过反复读、悟弄明白，是作者展开了想象。并且通过与没有展开想象的句子进行比较，让学生充分体会到了比喻这种写法的好处（考虑到年级特点，老师没有提"比喻、打比方"这个概念，这一点做得是很适度的）。紧接着，又引导学生总结这段话是"怎么写出有趣的"，从而给学生一个用比喻的方法把一块石头说得有趣的语言范式：名字+像什么+怎么样（干什么）。至此，是引导学生"认识形式"。最后让学生仿说（实践操作）。在仿说、实践操作这一环节，设计也很有梯度，先给学生提供仿说的素材——课文 3、5 段（因为这两段是暗喻，对二年级的学生来讲，难度大）"猴子观海""金鸡叫天都"，目的是减缓学生想象表达的难度，掌握"名字+像什么+怎么样（干什么）"这样一种语言范式，增强学生仿说的自信心。之后，加大难度，让学生根据图片仿说，直至脱离图片仿说，很有梯度。而且在仿说的过程中，老师的指导也很有层次：先引导学生想象这块石头像什么，你想给它起个什么名字，它好像在干什么、怎么样，最后才按"名字+像什么+怎么样（干什么）"句式来说。分步指导，化难为易。让我们看到了孩子们在课堂上"爬坡"的过程，由不会说到会说，由说不好到说好的过程。课堂真实、自然，老师在真指导，学生在真学习。师生在课堂上的表现是渐入佳境。

　　不过，对课文 3、5 段的处理，我认为不是太妥当。因为这两段是暗喻，对二年级的学生来讲，难度大。很显然，老师也考虑到了这一点，所以总结出这两段的写法之后，出示了一个填空式的仿说，比较起前面的仿说，这个要求太低了。我感觉不如先让孩子用这个句式说说"仙桃石"和"仙人指路"，然后让学生再看图片仿说，或者是干脆不要这一环节，而改为让学生用 2、4 段的句式写一种石头。这样的话，就更扎实了。至于说 3、5 段的写法，可以再利用一个课时仿说、仿写。

　　写到这里，特别想对低年级的老师说，低年级也要有这种读说、读写结合的意识，让学生在仿说，写典型的句子、句群上下功夫。如果低年级都这样去做的话，学生到了中高年级，才不会头疼作文。

　　五年级瑞娟老师的《威尼斯的小艇》同样体现了这样一个"理解内

容—认识形式—实践操作"过程。

在这三分环节中，最重要的是"认识形式"，必须通过反复的读、悟，弄清这是一个什么方法，为什么要用这种方法，这是实践操作的动机和前提。因为瑞娟老师刚刚接住这个班，学生理解感悟能力基础不太好，感觉体会得还不到位，还没有让学生充分感悟到这种写法的好处。

"实践操作"这一环节，在学生动笔写之前，老师还需要进行有针对性的启发和指导。指导的时候，老师要精心选择一个点进行具体的指导，老师提前一定要写写"下水文"，而且要写不止一篇"下水文"，这样，指导起来才有方向，才胸有成竹。否则，是不能保证学生写的质量的。

为给出错学生鼓掌的老师鼓掌

最近，学校进行适度课堂"三六五"模式创新研讨课活动。其中，五年级数学老师王红玲在交流展示环节，让全体学生为上讲台做题出错的学生鼓掌。当时，我问坐在我前排的她的组长马玉香："你说红玲是没有料到这个学生会出错，还是故意这样安排的？"玉香很平静地告诉我："就是故意这样安排的，我们平时都是这样做的。"好！我情不自禁为她们竖起了大拇指。

交流展示环节的目的有二：一是让学生充分展示学习的收获，增强学生学习的自信心；二是暴露学生学习中的问题，以便进行有针对性的指导。其中目的二比目的一重要。所以，老师在备课的时候，要充分预设学生在预习过程中，会出现哪些问题，哪些问题出错率高，哪些问题遇到的困难比较大。

但是，事实上，有些老师在平时的课堂，尤其是公开课课堂上往往存在这样一种心理：课堂上学生还是少出问题为好，最好别出问题，以免造成老师被动。以致上课时，回答问题、上台展示的都是不出错的好学生，一旦这些好学生失手出了错，老师也多是把这个学生晾在一边，继续寻找能说出正确答案的学生说出正确答案。正确答案一旦被"钓"出，老师立即给予肯定，并不容置疑地转入下一个环节。

从本质上来讲，教学是一种学习的活动，是学而不是教。作为学生来讲，知识是重要的，但是比知识更重要的是获得知识的方法。老师的作用是教学生学的方法，引导学生通过讨论、碰撞，寻求解决问题的方法。

其实，不希望课堂出问题的老师追求的是自己教的成功，而非学生学的成功。追求的是课堂结构的完整、重点的突出、脉络的清晰、热烈的气氛……

成功的课堂不在于结构的完整、脉络的清晰、形式的丰富、气氛的热烈，而在于实实在在地面向全体学生解决问题，让他们在交流碰撞的过程中互相启发、互相分享，最终在自己真实的思维水平上丰富知识和提高能力。

所以，课堂上，我们要特别关注大部分学生背后隐藏的困惑和问题，不能漠视在学生真实思维水平上所发生的问题，敢于并善于让出错的学生上台暴露问题。红玲老师让全体学生为出错的学生鼓掌，就是善于让出错学生上台展示的一种有效的措施。她给学生这样一种心理暗示：学习中出错很正常，老师理解，也允许我们出错。不管答案正确与否，只要敢于参与，就是有勇气的表现。自己的出错给了别人一个警示，出错同样有价值……这种心理暗示，就能激起孩子下一次还要主动参与的强烈愿望。

让我们为给出错学生鼓掌的老师鼓掌！

"课堂练习的层级度"例谈

　　练习是检验教学效果的捷径，是教师对课堂教学有效调控的重要手段。为使不同层面的学生在原有水平上都得到应有的提高，课堂练习要由统一要求、同等数量的"一刀切"式向多层次、多形式、开放型、自主型、发展型方向转变，根据不同学生的不同学习基础和兴趣，精心设计分层练习（基础性练习、提高性练习等），或者菜单式的练习，供学生在数量、难度和方式上进行选择，以适合不同学力层次、不同智能特点学生的需求，让不同层面的学生都在原有基础上，在难度、数量都适合自己的练习中有所发展和提高。

　　在语文课堂的"积累语言环节"，老师们就常常这样做。

　　案例1：程建芳老师在《"红领巾"真好》一课中是这样操作的。

　　同学们，我们能从这首诗中积累哪些词语呢？请小组讨论，比比哪个组积累得多。经过小组讨论，学生便会总结出ABB式词语、AABB式词语、动宾词语以及带"的"的短语。在此基础上，老师根据学生的总结屏幕出示要积累的词语：

　　扑棱棱、水灵灵

　　叽叽喳喳、蹦蹦跳跳

捕捉害虫、梳理羽毛

机灵的小鸟、翠绿的树苗、鲜艳的红领巾、蓬松的羽毛

活跃的小鸟、美丽的清晨

要求：比一比，5分钟内，看谁写得数量又多又好。

【分析】这样的要求就考虑到了不同层面学生的学习需求，既保证后进生能完成任务，又能让中等生、优等生得到更多练习的机会。这是从考查学生练习的准度和速度上出发的。

案例2：在"三角形的认识"一课，秦淑利老师设计了这样两组自主训练。

①下面每组中的三条线段能围成三角形吗？（此题训练时间为1分钟。训练形式是先独立完成，再小组互评。要求是在1分钟内，能做对三道题者就能得一颗星，每多做一题加一颗星。）

1厘米、3厘米、5厘米

2厘米、4厘米、5厘米

1厘米、2厘米、3厘米

2厘米、2厘米、2厘米

3厘米、7厘米、9厘米

8厘米、11厘米、18厘米

【分析】此题主要考查学生基础知识掌握的情况，尽管六道题难易程度相当，但"在规定的时间内比赛谁做得又对又多"的要求，就考虑到了不同层面学生的学习需求，既保证后进生能完成任务，又能让中等生、优等生得到更多练习的机会。这是从考查学生做题的准度和速度上出发的。

②李师傅要做一个三角形铁架，他手里有一根7厘米的铁条，请你帮他选一选，下面哪两根铁条的长度合适？

2厘米、8厘米

3厘米、6厘米

【分析】这是从考查学生思维灵活度出发的，学习能力强的学生可

能会找出四种或五种方法，学习能力差些的学生也能找到一两种方法，能满足不同层次学生的需求。

培养孩子表达真情实感的能力

　　2006 年，有一个面向全球中小学生的首届冰心作文大奖赛，这次大赛共收到海内外作品 5 万多篇，但是，获一等奖的却是一篇 107 字的小短文，题目为《妈妈回来了》，作者是一个叫郦思哲的七岁小男孩，也是本届大赛年龄最小的参赛者。

　　这篇短文为何能获奖呢？请大家认真阅读一下这篇小短文：

　　　　前段时间，妈妈去杭州学习，去了好长时间，可能有一个月吧。今天，妈妈终于从杭州回来了，我非常高兴！因为妈妈的怀抱很暖和，因为妈妈回来会给爸爸过生日，因为妈妈在家里会给我读书……妈妈不在家的时候，我很想她，想妈妈的 gǎn 觉，就是一种想哭的 gǎn 觉。

　　评委们认为，七岁孩子所写的作文还算不上通常意义上的作文，而是孩子在"说话"，但作者就是以这种不加任何修饰的文字真切地表达了"妈妈回来"带给自己的温暖和喜悦，以及曾经有过的感受和体验。纯真的感情和宝贵的童趣是这篇小短文成功的关键，这恰恰是很多参赛者所缺少的。随后，记者就对这个小男孩进行了采访，看到了他更多的富有真情实感和童趣的文字。

　　比如，他在出去赏月的时候这样写月亮："我走月亮也走，月亮真是一个跟屁虫啊。"

他在写第一次坐火车的时候这样写火车刚开时发出的"噗"声："妈妈妈妈，火车刚才放了一个很大很响的屁啊。"

他在回答妈妈为什么记不住那么多生字的时候这样写："我想那是因为字宝宝太多了，它们都跑到门外去了，我找不到了。"

这个孩子写的这些短文，严格意义上不能算日记和作文，因为这都是他自己想写的时候写下来的。一篇篇看下来，就像是一个小孩子在跟你说话，讲他遇到的有趣的故事，讲他不太明白的事情。他不加任何修饰的语言，把一个充满天真和童趣的世界展现到了我们面前。

这件事以后，好多教育专家发出了这样的呼吁："这篇文章让我们心中一颤，作文应该是我笔写我心。"

当时评委下的评语是："一年级七岁的小学生用简单的文字准确地表达了自己的真实情感，短短100多字，却异常打动人。"虽然评委对这篇文章非常肯定，但在评选的过程中，评委们却是一直在挣扎，因为这篇文章篇幅太短，实在太不像一篇作文了，评选的过程中还曾经把它暂时放到了一边。

但最终评委还是被文章的真情实感所打动，给文章评了一等奖。评委会的目的就是希望能给孩子们提供一个表达真实情感的平台，真实情感就是我们的评选标准。

"这样的一篇小文获奖其实是一个启迪，它在提醒我们要让学生'我笔写我心'，孩子的童心是最起码也是最宝贵的。"浙江大学中文系系主任、博士生导师吴秀明教授曾经连续七年主持高考（高考新闻，高考说吧）的语文阅卷工作，他还担任过新概念作文的评委。"现在的孩子都被社会的浮夸和功利面所误导，写出来的话都是空话、套话，失去了作文最本真的东西。其实学生失去的何止是这些，他们有可能丧失了'表达真实情感的能力'，如果只教会学生说一些假话，那么教育意义又何在呢？"

作为一名语文老师，应该着力培养孩子表达真情实感的能力！

课前"拨弦"三两声，未成曲调先"入"情

　　为了活跃气氛，调节情绪，老师往往要求学生在上课之前唱一两首歌，这也无可厚非。但在实际操作中，有些老师往往把握不好这个"度"，尤其是在公众场合下做课，让学生唱了一首又一首，直到上课铃响学生唱得兴致勃勃，或筋疲力尽时才肯终止。以致上课好长时间了，学生还进不了角色，或缓不过劲儿来。

　　儿童心理学研究表明：小学生由于受年龄和各方面能力的限制，往往对新授课程不能马上进入求知境界中。尽管我们为了让学生尽快进入求知境界，特别注意导课环节精心设计，但如果我们不注意课前活动的考虑，往往会使导课环节进行不利，效果不佳，致使导课环节过多地占用教学时间，从而失去导课的意义。相反，如果精心设计课前活动，便会使导课环节更简洁、更直接、更自然，无疑会使课堂教学取得更加理想的效果。

　　那么，如何搞好课前活动呢？

　　首先，要注意学科性原则，搞一些能体现学科特点的课前活动。以语文课为例，口语类的可以举行一分钟演讲、一分钟限时背诵、短新闻发布会、好书（好剧目）介绍等；听记类的可举行听读辨正误、听故事或新闻复述等；游戏类的如成语接龙、一字开花、猜谜语、绕口令（歇后语、名

言警句）擂台赛等。

其次，要注意紧密性原则，搞一些与当堂教学内容紧密相关的活动。在学习《浪花》一课时，其中有一"学习目标"是通过句子比较，理解比较具体的（含修饰词）句子及其作用。为给这节课做好铺垫，上课前我创设了这样一个口语交际情境：请同学们认真观察老师从推开教室门到走上讲台跟大家交流的一系列动作、语言、神态，然后用几句话描述一下。老师是在什么情况下，怎样推开教室门，又是怎样走上讲台的？走上讲台之后，又是用什么样的语气对大家说了些什么？之后再让学生去体会。说话时，如果能用上表示怎么样或什么样的词语会使自己的表达更生动、更具体。这样的活动，学生感到新奇、有趣、亲切，因此参与的积极性特别高，很好地为整节课做好了情感和知识技能的铺垫。

再次，要注意趣味性和激励性。课前活动毕竟不是上课，更应生动、活泼，充分调动学生的主动参与意识，激发起求知欲。在一次公开课上课前，我发现学生面对众多的听课老师，情绪有些紧张，平日里教室内活跃的气氛荡然无存，学生个个显得拘谨不安。用什么办法来缓和一下这紧张的气氛，增强一下学生的自信心呢？我马上想到这帮孩子课外阅读量比较大的特点，于是，我亲切地对他们说："同学们，你们每个人在课下都读过许许多多的书，能给听课的老师露一手吗？"孩子们露的一手真让人吃惊，有的背名人名言，有的背《劝学篇》，有的背自己喜欢的片段，还有的说单口相声……在同学们羡慕的目光里，在老师表扬的话语里，孩子们的课外阅读兴趣又一次被激发、强化，为他们这节课乃至以后的学习都起到了很好的激励和导向作用。

最后，还要注意活动的时间不能太长，一般应控制三分钟左右，也不能让学生过于激动，否则，会使学生过于疲劳、难以平静，适得其反。

课前几分钟的活动也是一节课的重要组成部分。它好像一首歌的前奏、一本书的前言、一场戏的序幕，起着设置情境、烘托气氛、调动情感、调节情绪、提示主题、训练技能的作用。如果我们能做到"课前'拨弦'三两声"，一定会使整节课"未成曲调先'入'情"。

自主学习，给学生三个"等待时"

让学生相信自己"能学"，老师就要充分信任学生，相信学生完全有自主学习的能力。在课堂上，要敢于把机会交给学生，在学生自主学习的过程中，给学生提供充分的独立思考、自主参与的时间和空间，有意识地给学生三个"等待时"。

"第一等待时"——留待足够的时间供学生读书、思考。

听课时常常发现，一些教师提出一个问题后，马上要求学生作答，而由于问题本身的原因或学生的学力水平的关系，学生在没有充分思考的条件下，基本上是答非所问或哑口无言的，这样的问题再精彩、再切合课堂教学，也是无效的问题。所以，在一个问题提出后，教师首先要综合观察课堂中学生的思维状态，并对此作出判断：是有意地继续"等待"，还是给予适当的"提示"？从而对问题进行深入的引导与分析。

"第二等待时"——学生回答问题时，耐心听学生说完。

个别班级往往出现这样的现象，随着年级的升高，学生在课堂上越来越不愿意回答问题了。这是什么原因呢？我想，这恐怕不能简单地以"人大了，怕羞"等词语来解释。

究其根源，问题在于老师对学生在课堂上发言的态度。我曾经就这个问题在学生中进行过一些调查，许多同学视课堂发言为畏途，担心一被老师提问，就窘态百出……

学生所说的"窘态百出"，主要是怕回答不出或回答不好让老师不耐烦，还有的学生担心同学说自己逞能、爱表现。

教学实践中，我们经常会碰到学生的回答跟我们的预想答案相距甚远的情况，不少老师常有意无意地表现出失望、厌烦，以致打断学生的回答。久而久之，不但学生的语言表达受限制，就连学生的思维发展也受到阻碍，更重要的是学生的自信心便会随之减退，参与的积极性也会越来越低。

《听的艺术》一文讲述了这样一件事：美国知名主持人林克莱特去访问一位小朋友，问他："你长大后想当什么呀？"小朋友天真地回答："嗯，我要当飞机驾驶员！"林克莱特接着问："如果有一天，你的飞机飞到太平洋上空，所有引擎都熄火了，你会怎么办？"小朋友想了想："我先告诉飞机上的人绑好安全带，然后我系上降落伞，先跳下去。"当现场的观众笑得东倒西歪时，林克莱特继续注视着这孩子。没想到，孩子的两行热泪夺眶而出，这才使得林克莱特发觉这孩子此时的悲悯之情远非笔墨所能形容。于是林克莱特问他："为什么要这么做？"他的回答透露出一个孩子真挚的想法："我要去拿燃料，我还要回来！我还要回来！"

主持人林克莱特与众不同之处，在于他能够让孩子把话说完，并且在现场的观众笑得东倒西歪时仍保持着倾听者应该具有的一份亲切、一份平和、一份耐心，这让林克莱特听到了这位小朋友最善良、最纯真、最清澈的心语。我们一些为人师者对待学生时，却往往缺少出于真诚关注的亲切、平和以及听完的耐心。

课堂上我们要善于耐心倾听，让学生说完，在耐心倾听中领会学生的需要，发现问题的所在，挖掘学生的潜能。这样，可以使学生感到被接纳，体会到老师对自己的信任和尊重，消除学生的心理紧张状态，增加师生之间的认同感。

"第三等待时"——留待足够的时间供学生反思、交流。

课堂上往往还会出现另外一种情况：教师提出问题后，当学生回答问题出现差错或意见不一时，一些老师往往急于抛出正确的结论，期望以一言而改之，事实上，学生能"改之"却未必能"接受之"。因为"能够影响一个人行为的知识，只能是他自己发现并加以同化的知识"（美国心理学家和教育家卡尔·罗杰斯语）。学生在没有经历亲手实践体验的无意识状态下，所得的知识是模糊不清的，是容易淡忘的。

所以，在这个时候，我们仍需要等一等，给学生一个反思、交流的机会，在反思、交流的过程中，学生的思维不断地被激活，经验不断地被唤醒，在不断的冲突、碰撞中，自然会消除困惑，豁然开朗。

事实上，一些令人印象深刻、真正让学生学有所获的课，应该是一节"不温不火""张弛有度"的课，整个课堂应该充满了思维涌动的过程，这个过程在很大程度上源于教师提出问题后，给学生留足了反思、交流的时间。

三个"等待时"看似占用了较多时间，却是实现自主学习的必要措施，而自主学习不仅使学生的知识、技能掌握得更牢固，而且培养了学生敢于思考、独立思考的良好习惯，增强了他们的探究意识和创新能力。这都使学生终身受益，是最大的效率。

等待是一种期望，是一种鼓励。多一些等待，学生就多一些自主探索的经历和体会，多一些对问题的深思和熟虑，多一些对知识的理解和提升。学会等待应该成为我们教育工作者的一种意识、一种职业操守。

学会等待，我们的课堂就会充满灵动和活力。

交流展示，给学生一双隐形的翅膀

"交流展示"是我们"三六五"教学模式中的第二个环节，一般分两个阶段进行：第一阶段是学习小组成员之间互相交流、讨论、解决自己"预习探究"的收获和困惑，属于小组内的"交流展示"；第二阶段是在此基础上以小组为单位选派代表向全班展示本组"预习探究"的收获。

在实践的过程中，有的老师认为，此环节中学生的参与度尽管很高，但学习的有效度却有所不及。有的甚至认为，让学生把学会的知识再进行交流展示，是一种无效的重复，是时间上的浪费。有的老师建议，能否不要组内的交流展示，直接进行组际间的交流展示？有的老师建议，是否可以只交流展示预习中存在的问题？

对此，想把自己的一点想法与老师们进行一下交流，以引发老师们更深层次的探究。

在"三六五"教学模式的教学实践中，交流展示作为课堂学习中学生活动的重要环节，是学生个体和合作小组学习信息交流与表达的主要形式，直接影响学生学习信息的反馈、学习目标的达成以及学生资源的挖掘。

我们首先要明确交流展示的目的。

一、显性

（一）分享预习成果，讨论、解决自己"预习探究"中的困惑，是学生共同学习、共同提高的过程。

（二）人人参与，能很好地体现学生的参与度。

（三）暴露学生学习中存在的问题或认知缺陷。

（四）收集学习信息为诊断补救做准备。

二、隐性

（一）促进学生积极主动地完成预习任务。一方面能有效地治"懒"——明天小组内还要交流展示，我不预习，交流展示时就会在同学面前出洋相，小组荣誉也会因此受损；另一方面能有效地激"勤"——明天小组内还要交流展示，我一定要好好预习，给自己争光，给小组添彩！

（二）锻炼学生在众人面前敢于发表意见的胆量和勇气。胆量和勇气是需要锻炼的。平时的课堂上，一个老师面对好几十个学生，由于时间和机会有限，很多学生，尤其是学困生和一些性格内向、胆量和勇气不足的学生，很少有发表自己见解的机会，更缺少向老师提出自己疑惑的勇气。久而久之，他们发言的"胆量和勇气"越来越小，问题也越积越多，成绩自然越来越差。交流展示保证了人人有发言的时间和机会，让每个学生都争得了自己的话语权，其胆量和勇气堂堂都得以锻炼和提高。

（三）让学生感受成功的快乐，增强孩子的自信心。交流展示环节给了每一个学生动手、动口、动脑学习的过程，在这个过程中，学生充分交流展示自己的收获和方法，学习主动性得到充分调动，聪明才智得到充分发挥，成功的喜悦得以充分体验。在这个宽松且被大家认可甚至是欣赏的环境中，他们的自信心也在一步步提升。自信心的提升，会构建一种巨大的动力系统，影响现在，更影响未来。一个拥有自信的人，即使现在遭遇失败，以后也会成功的。

（四）培养学生良好的口头表达能力。口头表达能力是一个综合素质的表现形式之一，要想提高学生的口头表达能力，除了学生本身的努力，学校、教师还要为学生提供训练的平台，比如组织一些演讲会、朗诵会等，让学生在参与中提高表达能力。其中，课堂是最重要的阵地。交流展示环节切实做到了把课堂还给学生，真正为学生搭建了一方锻炼口头表达能力的舞台。而且在交流展示环节中，老师对学生交流与展示的内容和方式都有一定的指导，都有一套相对固定的交流展示程序。

请看"新晴"制定的小组合作交流细则（摘录）：

建议组长多讲这样的话：

A 讨论开始时："请××发言。"

B 组员回答问题支支吾吾时："你可以再想一想。"

C 组员说话不太完整时："谁来补充？"

D 看到有的组员不能主动发言时："我们是不是请……也来讲一讲？"

E 组员表达不太清楚时："我没有听明白，请你再讲一讲？""你是不是这个意思？……"

F 大家争论不休时："这个问题我们是不是不要讨论了，等会儿汇报时请大家帮忙。"

……　……

交流细则对小组长的建议，就是对小组成员交流表达时的适时调控和指导。

在以小组为单位选派代表向全班展示时，有的班级也有一套常规的展示语言：

A "通过预习，我……"

B "我们组向大家展示……展示的方式是……"

口头表达能力的高低首先取决于思维的敏捷和思路的清晰与否。为了使学生交流展示的思路更清晰、表达更有条理，语文老师还常常给学生提供一些填空式的提示。比如，对课文主要内容和写作思路的把握：

通过反复读课文，我知道这篇课文主要写的是＿＿＿＿＿＿＿＿。先写＿＿＿＿＿＿＿，再写＿＿＿＿＿＿＿，然后写＿＿＿＿＿＿＿。

本文是一个有趣的故事。讲的是＿＿＿＿＿＿＿（谁）喜欢＿＿＿＿＿＿＿，利用＿＿＿＿＿＿＿工作的清闲，做成了＿＿＿＿＿＿＿，并且在玩的过程中，突发奇想，＿＿＿＿＿＿＿，随后做成了＿＿＿＿＿＿＿，进而发现了＿＿＿＿＿＿＿。

（摘自"秋日呢喃"《预习，有效自主学习的第一步》）

（五）培养学生良好的习惯和素养

请接着看"新晴"制定的小组合作交流细则（接上）：

小组长不能霸占发言的机会。

不能歧视自己的组员。

学会简单的分工调控。

完善小组合作的组织建设，可以设置专门的鼓励员、声音提醒员、争论控制员、时间提醒员……

规范交流时的体态语言，专心地看着发言者并身体前倾，点头、摇头、微笑。不能出现对方发言时你看着其他地方、你与其他小伙伴谈其他话题、身体后仰，眼睛斜看着对方等问题。

开展全班性课堂小组合作交流的培训，并制定相应的奖励机制。如，最佳学习小组、优秀组员、十佳组长等。

综上所述，我认为，交流展示环节能有效地实现我们"三维六度五环节"教学模式的"知识与能力、过程与方法、情感态度与价值观"的三维总目标。学生从中收获到的不仅是知识与技能，而且是综合素养的提升。

交流展示，给了学生一双提高综合素养的隐形翅膀。

"让讨论之球在学生中传递"

李希贵在《36天，我的美国教育之旅》中讲述了这样一件事：

> 作者向哥伦比亚大学的教育研究生播放带去的国内教学录像，从国内的课堂教学评价标准来看，这些教学录像自然是精品。教师在课堂上教学组织严密、启发学生准确、教学环节流畅、学生接受得快。可这样的教学哥大的研究生不认同，一位研究生直言：这样的课堂学生没法犯错误，因为老师不给学生犯错误的机会。她认为，学生只有在课堂里不断犯错误，才能不断发现问题。一个人要真正掌握一样知识或一种技能，就必须犯一点错误。

书中，李希贵还对日本和中国的两节课进行了比较。在日本的《杠杆》课上，孩子们像是在共同完成一个属于自己的任务，他们相互商量，相互启发，善于倾听，每位同学的发言都是建立在同伴思考的结果之上，课堂上的"讨论之球"非常自然地在学生中传递。可是，来自中国的《可能性》的课堂教学，表现的是老师在等待正确答案的出现。一开始，老师提出了这样一个问题：此时此刻，世界上所有的人在不同的地方做的同一件事是什么？四个学生相继回答：工作、学习、热爱、呼吸。显然这四个答案都不是老师所满意的答案，于是老师就像小猫钓鱼一样耐心等待鱼儿上钩。

待鱼儿一上钩，老师就迫不及待地进入了下一个环节。

课堂教学中，学生对于老师的问题回答错了是很常见的，对此，我们不能漠视，要认真分析学生出错的原因，准确判断这些问题是不是学生真实思维水平上所发生的问题。如果是，接下来，关键的问题就是选择什么样的解决问题的方式了。是继续"钓鱼"，"钓"出问题的正确答案，还是老师直接耐心讲解、反复强调？

两种做法似乎都不妥当。

日本学者佐藤学认为，解决问题最好的方式是引导学生进行真正的讨论，真正的课堂讨论不是"教师—学生 1—教师—学生 2……"这样进行的，而是"教师—学生 1—学生 2—学生 3……教师……"，通过多站进行的。这就像球场上的传球一样，老师把一个球投给一个孩子，引导学生开始讨论，一名学生提出讨论的线索，第二名、第三名、第四名学生要相继加入。只有当讨论陷入僵局或误入歧途时，教师才作一些引导性的介入或修正。这种教学讨论的特征是，无论从教师角度看还是从学生角度看，彼此的发言是复杂地交织在一起、具有内在联系的，学生们对问题的关注、思维的活跃，都是一般的课堂难以见到的。

面对上面提到的《可能性》教学中出现的"钓鱼"现象，李希贵是这样处理的：

"好了，现在我们已经有了四个答案，工作、学习、热爱和呼吸，想一想你同意哪个答案或哪些答案？"——这是学生自己在心里传递"讨论之球"。

"请不要回答，先想出你不同意某个答案的理由，然后和你旁边与你有不同意见的同学讨论。"——这是同学间的两两传递。

为什么要学生先想出自己的理由？李希贵认为，"只有说，才能想"，因为要说出来，所以要去思考。只让学生得出一个简单的答案并不难，孩子们心里常常有许多想当然的答案，但真的要他们问一个为什么的时候，却常常是令他们深思熟虑的时候，而且他们常常在这个过程中说服了自己，或者改变了自己。与不同意见的同学讨论则不仅可以说服一个人改变自己的想法，还可以同时深化两个人的思维。为此，他还强调要把这个"讨论之球"在全班同学中传递一次，请仍然持不同答案的学生互相传递"讨论之球"，尽管可能会发生一些争执，但最后的收获却大多是会心的笑声。

表面上看，这样一个本来可以一带而过的教学环节用去了不少宝贵的时间，甚至使原本设计好的有些精彩的教学环节没有时间进行，但是，它却以一当十，让学生以此认识到了"可能性"的本质规律，起到了深化学生思维、落实教学重点、突破教学难点的作用。这不正提高了小组合作的有效度吗？

当然对所讨论的问题也应该适度把握，原则是这些问题必须是反映了大部分学生的思维水平，是本节课的重点和难点问题。否则，就是舍本逐末，就是操作上的不适度。

"让讨论之球在学生中传递"，是提高小组合作的有效度的有效策略。

让学生像司机和寻路人一样学习

　　生活中，我们很佩服司机超凡的方向感：认路、记路、会走近路。事实上，这些超凡的方向感并非司机特有的专利，只要用心，人人都有可能具备。这与我们迷路时急于找路是一样的，不管是什么人，都可以通过询问、查找、实践、探索等方式找到自己从未到过的地方，而且凭借这次的经验，以后还可以像司机一样随时再找到那个去处。这一点，司机和寻路者能做到，乘客和跟随者却不一定能做到。原因是司机与寻路者找路时都是责任在肩，态度是主动的、积极的，通过询问、查找、实践、探索，他们把目的地与沿途的事物联系起来，在自己的脑海中构成了一条明晰的路线图。而乘客和跟随者却都是被动的、漫不经心的，在他们的脑海中不可能构成像司机、寻路人一样连贯明晰的路线图，因此，他们不能轻易地找到目的地。

　　事实上，学习也是如此，人的学习智力相差无几，关键在于学习心理是主动还是被动。

　　小外甥入一年级才一月有余。那天，他爸妈有事，托我接他回家。回家的路上，我问他："今天老师布置了什么作业？"他说："少得很，就让背一首诗！"最后还特意很自豪地补充了一句："我早都背会了！""是吗？那你给二姨妈背一遍听听呗！""行！"嗨，背得除了声音小点，还真是正确、流利（背的是田间的《小雨点》：小雨点，是妈妈的孩子。她染红花朵，她浸绿树枝。她给蜻蜓，洗净透明的薄翅。她在家家窗上，弹奏轻快的曲子。小雨点，是一个好孩子）。为了再给他一个"炫耀"的机会，我又试探着问："那你知道这首诗是什么意思吗？""不知道，俺老师还没讲呢。"我心里一惊：怎么连刚入学的孩子都认为什么都需要老师讲才能懂！于是，我鼓励他说："不用老师讲，你自己就能弄懂！"小外甥一脸迷惑，我继续给他打气："不信你小声读读，一边读一边想，肯定就能读懂是什么意思了！"也许是听我口气这么肯定，他马上皱起小眉头，托起小腮帮，像模像样地边读边思考起来了。大约过了半分钟，他豁然开朗地对我说："二姨妈，我知道是什么意思了！是说小雨点光帮别人干好事。""那它都帮别人干了什么好事了？""它帮……它帮……"一下子说得非常完整。

在被动等待和主动探究的不同心理支配下，孩子面对同一首诗的理解产生了"不知道"和"豁然开朗"的学习结果。那一刻，我忽然感觉"教学"不能单单让老师转变观念，还需转变学生的学习心理！

联系到我们的课堂教学，课堂上，是让我们的学生当司机和寻路人，还是乘客和跟随者呢？答案当然是前者。

所以，作为老师，我们要引导学生像司机和寻路人一样主动地询问、查找、实践、探索，即自主学习、自主探究。

"课中操"莫让课堂断层

最近，听了几节低年级的课，发现老师们特别注意利用课中操组织教学。即每节课进行到一半的时候，授课暂停，师生们在教室里一起做一些肢体活动，以缓解学生的学习疲劳，调节课堂气氛。

在做课中操之前，老师一般都会这样说："同学们，大家学得累了，咱们一起来做一下课中操吧！"

例1：听《蜗牛与黄鹂鸟》音乐，师生一起做动作。

例2：（师）请你跟我这样做，（生）我就跟你这样做。

例3：左拍拍，右拍拍，上拍拍，下拍拍，前拍拍，后拍拍；拍拍我的左肩，拍拍我的右肩，举举我的左手，举举我的右手，摸摸我的左耳，摸摸我的右耳……

诚然，低年级孩子年龄小，注意力集中的时间短，范围窄，随意性较大，一般在上课到二十分钟的时候，就已经不能完全控制自己的注意力，出现东张西望、做小动作等情况。课中操的出现正是遵循了低年龄段孩子的心理发展规律。

但是，总感觉这样的课中操过于突兀，过于呆板，缺少灵动，流于形式，缺少内涵，人为地使教学过程形成了一个断层。

　　"课中操"作为课堂教学的一个环节，终归是为课堂教学服务的，因此，课中操不仅要有调节性，还要有一定的知识性。我们可以把它看作连接课堂前后部分的桥梁，既可以不露痕迹地温习梳理已学内容，还可以巧妙地提示后面部分的学习内容，使课中操与教学过程水乳交融，有机结合。

　　例1：学习《操场上》一课，老师可以根据前半节课（认读生字词）学习内容设计"请你跟我这样做"的课中操。出示本课表示动作的词语卡片（打球、拔河、拍皮球、跳高、跑步、踢足球），让学生根据卡片上的词语，做相应的动作。

　　这样既让孩子活动了肢体，又有趣地复习了所学词语。

　　例2：学习《一去二三里》一课，当认读完一到十的生字后，可让学生把两手摊开放在桌上准备好，老师用生字卡片出示哪个字，学生就做出那个数字的相应手势。

　　这样既巩固了生字的学习，又锻炼了学生的协调能力。

　　例3：一位老师在进行《小柳树和小枣树》第一课时的教学时，根据课堂前半部分教学内容设计了这样一个课中操：

　　师："兴奋的小柳树们，让我们穿着漂亮的衣服，到外面去走一走好吗？"（课件出示美丽的大自然的图片，播放音乐）

　　生：（高兴地说）好！

　　师：来到大自然，心情特别好。先做深呼吸。再来扭扭腰，甩一甩手臂，伸个大懒腰。

　　（生随着音乐跟着老师做深呼吸、扭腰、甩手臂的动作）

　　师：梳梳你的头发。我们到湖边去照照自己好吗？

　　（生慢慢坐到座位，然后静下来）

　　师：小柳树们，照了镜子，发现自己有什么新的变化吗？（继续后面文本的教学）

　　这一设计紧紧结合课文内容，让孩子们通过角色转换，把自己当作小柳树而"深呼吸、扭扭腰、甩手臂、梳头发"，不仅让学生在放松身心的同时开启想象的翅膀，而且对已学内容做了一次巧妙的梳理，促进了学生对文本的进一步感悟，同时不露痕迹地衔接铺垫了下面的教学进程。

例4：特级教师窦桂梅在教《落叶》时，对其中小动物的动作教学采用了游戏活动中学习的方法，我们不妨把它当成是一个课中操。

师（指着黑板上的小虫、蚂蚁、小鱼、燕子）：你们就是这些可爱的小动物。（指一生）你是？

生：我是小虫。

生：我是小鱼。

生：我是燕子。

生：我是蚂蚁。

师：好可爱的小动物。我好喜欢你们。你们有的游来，有的爬来，有的飞来……快爬来呀，来呀……

生：（开始有点犹豫，继而个个做起爬的动作）

师：爬！游！飞！坐！

（生随师的口令迅速地做着各种动作，课堂活跃万分）

师（突然指着讲台前的空地）：这儿有一片落叶，小蚂蚁们快坐上来！生瞬间将空地坐满。

师（指着下面学生的座位）：看，那儿也有许多树叶，快坐那边去！学生纷纷回位。

师：听好了！藏！

（生纷纷躲到桌子底下。）

师：还有一个词语——躲藏！

有些学生稍稍动了一下，仍然躲在桌下。

师：藏和躲动作一样，看来有的词是一个意思。

师：最后一个动作——坐！

学生一次次做小动物的动作，不仅是在用动作积累语言，更是在让自己的创造力尽情放飞，用动作去体会、积累语言，对于好动的学生来说，简直是在快乐中吮吸知识的乳浆。此时的课堂不再成为限制的代名词，而是快乐的诞生地。

　　让学生在不知不觉中学习，是教学的高境界。课中操就是让学生在游戏中不知不觉快乐学习的一个重要手段。因此，我们必须赋予课中操更多的教学内涵，让其发挥最大的教学功能。实际上，课中操只有与教学任务有机结合，才能发挥更大的作用。

听记训练益倾听

教育心理学家研究发现，在人们的各种交往方式中，听占45%，说占30%，读占16%，写占9%。由此可以看出，人有一半的时间在听，听是人们获取知识的主要途径之一。尤其是小学生，他们的主要任务是获取各种知识和技能。因此，《语文新课程标准》明确指出："要使学生学会倾听。"这里所指的"倾听"又比前面的"听"要更深一个层次，美国语文教学研究会会长丹尼斯在《美国教学创意手册》中指出：倾听的能力包括理解教师口语表达的信息和能在头脑中将语言转换成意义两部分。它不但要求学生"听见"，还要求学生对所听的内容进行鉴赏性思考、主动性理解、批判性接受，听力和理解是其基本要素。学生语文能力应首先把这种基本要素作为强调和培养的目标。

为了强化老师们对学生倾听能力培养的意识，切实提高学生的倾听能力，我们学校要求语文老师每天至少抽出5—10分钟时间对学生进行专门的听记训练。

听记训练，就是听别人说话以后能记得住，并能把听到的内容说出来或写下来。这种方法着重培养学生边听边想边记录的能力。听记的形式一般有以下几种：

一、听说（写）

（一）听后一字不差地说（写）下来。内容可以是优秀字词句，还可以是名言佳句。

训练的步骤可以由听说（写）一句话到听写几句话、一段话。听写的方式可以是教师说，学生边听边写；也可以是老师完整地说几遍，然后再让学生回忆，把听的内容说（写）下来。听写是训练听的能力的一种最基本的形式，长久训练，可使学生"听"时注意力集中，既养成良好的"听"的习惯，又进行了书面语言的训练，增强记忆力。听说（写）词语时，不是一个一个地听写，而是将要听写的词语划分成一个个数量不同的词语组块，第一次只听一个，第二次一下说出两个，第三次一下说出三个，每次只报一遍，逐渐增加听记数量，不断增大听说（写）难度。老师可以有意识地将在某些方面有联系的词语放在一起作为一个组块，启发学生通过联想、想象之间的联系点加强记忆。这样既训练倾听能力、记忆能力、书写速度，又积累了语言，尤其是潜移默化了听记的方法，一举多得。

（二）听后复述。即老师说一段话，学生听后只说出这段话的主要内容即可。这种训练可以使刚刚接收到的信息，引起的暂时神经联系得到强化，加深印痕，防止遗忘；同时也可以调动有意识听记的积极性，提高倾听素质，是训练听知注意力、听知记忆及检测听知效果的有效方式之一。

二、听问

即认真听老师或同学的讲话之后，老师提出问题，要求学生准确回答，如讲话的主要内容和目的、对其中的有关问题进行解释分析或补充说明等等。长期训练，不仅能不断提高学生的倾听能力，还能培养学生的阅读理解和分析能力。

三、听辨（辩）

所谓"听辨"，就是让学生对所听到的内容，如一个故事、一则新闻、一组材料等做出恰如其分的评判，其目的是提高学生倾听的注意力、辨识力和判断力。听后，可以让学生做出辨识和判断，把结果表述出来，也可以让学生就此引发讨论或辩论。尤其是听后讨论或辩论，更有助于训练学生的倾听、思考、概括、总结和表达能力。因为学生必须听清别人的发言才能展开讨论或争论，这就要求在听别人发言时要有明确的注意指向性，其次有敏捷的思维，并学会边听边记要点，按照一定的是非标准，分析、推理、判断，得出正确的结论，做到耳听其音，心领其意，从而不断提高听的能力。

心理学研究表明，孩子的心理活动在某一事物上的强度越大，紧张度越高，注意力也就越集中。听记训练由于有明确的指向和要求，不仅使得学生的心理活动集中在了听记的对象上，而且增加了心理的紧张度，加大了注意力的集中度，使得学生在听记训练的过程中注意力非常集中，久而久之，便会形成集中注意力认真倾听的好习惯。

通过近一年的实践，老师们普遍反映，学生的听记能力得到很大提高，听记质量也有所提升，书写的速度和正确率也较以往有所进步，尤其是学生课堂上的注意力集中度有了明显提升。

老师一丝不苟教，学生才能一丝不苟学

对每一个老师的课，尤其是新任老师，我都满怀期待。今天依然如此，下过第一节课，放下手头所有事情，急匆匆赶往三（8）班听毛向娜老师的语文课。

上课前，向娜老师首先以真诚的态度调动学生上课的积极性，看得出来，她是那么希望孩子们在课堂上能学有所获。

上课！老师好——，学生有些拖音，向娜老师不满意，郑重其事地对学生说："听老师是怎么向你们问好的——同学们好！"态度是那么认真！

接下来，检查生字词，课文朗读，自由读，指名读，不放过学生哪怕是一点点的错误："字音要读准，发音要到位，词语也是有性格和脾气的，你读出来了吗？读着这样的句子，你仿佛看到了什么画面？"不厌其烦、一字一词一句地示范、指导，直到学生有提升、有进步。过程中，是那样关注学生、一丝不苟，那目光、那语气，唯恐学生学不会、学不好。所以，整节课，学生一直全神贯注，全情投入学习，态度也如老师一样，一丝不苟。

更令我感动的是，向娜作为一个年轻老师，特别注意倾听学生的表达，对学生表达中出现的语病，能及时发现并引导——请你再说一遍！我觉得

"从"这个词用得不是太准确，再想想，是不是……这是每一个语文老师都应有的语文意识和语言基本功。

最后的书写指导，向娜老师也是颇费心思，一步一步引导学生观察、发现规律，尤其是范写时，因为自己的字写得不够好，写得格外认真，一笔一画，一丝不苟，写完，还非常坦诚、非常抱歉地对学生说："老师写得不好，你们肯定比我写得好，你们真的比我写得好，以后我要跟大家一起练字、提高。"那么谦逊，那么真诚！

客观讲，这节课很平淡，没有很精彩的环节设计，甚至有些环节还有待推敲，但整体却扎实、朴实、真实，不走环节，不走过场，认认真真教语文，扎扎实实学语文，整节课，我一直都被感动着。于是听完课，我就在听课感想中写下了这样一句话：老师一丝不苟教，学生才能一丝不苟学……

整本书阅读指导的必要性及课型分类

"我原想收获一缕春风，你却给了我整个春天……"这是我听了五节整本书阅读指导课之后最想表达的一种感受！

五节课，年级不同，内容不同，类型不同，但却都目标明确，注重兴趣激发，注重方法指导，注重阅读感悟。一年级盼云老师通过和孩子一起猜读和创编故事来发展学生的思维、想象和表达能力；二年级冉旗老师重在解决二年级孩子课外阅读中不清楚什么样的句子才是好句子展开指导；三年级艳菊老师根据《大林和小林》突出的夸张手法让学生赏析、感悟；四年级志华老师教给学生圈读、品读、摘读、寻读的阅读方法；五年级利革老师则指导学生通过多个角度、联系整本书来感受丰满的人物形象的阅读方法。他们给我们打开了一扇扇整本书阅读指导的窗。

《义务教育语文课程标准》是国家课程开发和实施的指导性、纲领性文件，是对学科教学提出的最低要求，同时也是"国家要求"。因此，课外阅读不是纯粹意义上的"课外"活动，而应该是走进学校的"课内"课程，让每一个孩子在小学阶段的课外背诵量和阅读量都能达到《义务教育语文课程标准》所规定的数量，是小学语文老师应尽的职责。否则，就是我们的失职！指导学生有计划、有目的地进行课外阅读，确保每个学生的课外阅读数量达标，是每一个小学语文老师必须完成的教学任务。

正是基于这样一种考虑，这些年，我们学校在课外阅读方面采取了一系列措施，最为有效的是课外阅读课程化的探索和实践——固定各年级各学期背诵和阅读的篇目和书目，开设微诵读课和大阅读课，把诵读和课外阅读纳入语文老师的教绩考核，以"行走在阅读间"活动对学生的阅读效果进行评价和激励。经过大家的共同努力，今年我们毕业班学生的平均阅读量已经达到了800多万字，远远超过了课程标准145万字的数量。

但是，随之而来的问题是：课外阅读只有数量就够了吗？其阅读的质量怎么样呢？从各个年级了解到的情况是，大部分老师只是在课外阅读上提出了具体的要求，比如，每天读多长时间、多少字、做多少阅读笔记，但缺乏有计划、有目的的指导，孩子们基本处于自由阅读的状态。

尽管课外阅读强调学生的自主性，但这并不意味着课外阅读是一种放羊式的阅读，不需要教师的指导和帮助。事实上，课外阅读有时更需要阅读指导。

关于阅读指导，叶老有这样的观点：在阅读一事的本身，教师没给一点儿帮助，就等于没有指导。由此可见阅读指导的必要性。这也是我们举行这次整本书阅读指导研讨课的初衷。

其实，对于整本书的阅读指导，有这样一个基本的流程：荐读（导读）—自读—交流（读中、读后）—延伸。由此，整本书的阅读指导可以有以下两种课型：荐读课、交流课。

荐读课就是教师用生动活泼的方式向学生推荐要读的书，其目标，就是让学生通过这一节课，能够爱上这本书，并且自觉捧起这本书来阅读。实现这样的目标，老师首先要精心选择教学的内容。可以选取其中一个精彩的片段读给学生听，读到孩子们欲罢不能的时候，戛然而止。还可以给学生介绍书中主要的或者是有趣的人物形象，或者介绍这本书不同于其他书的特点，以激起学生的好奇心。其次要选准切入点，可以从书名、作者、作品的封面或者插图切入。当然，也可以从对这本书的评论等切入。

交流课主要是阅读过程中或阅读后的交流和分享，可以以此书为载体，教给学生某种阅读的方法，训练学生某种能力（理解、表达、运用），也可以作品为出发点，引导学生深入理解作品。

阅读过程中的交流分享是指学生读到某个阶段的时候进行的讨论交流，既可以了解学生读的进度，也可以通过讨论提示一些阅读的方法，赏析一些精彩的片段，让学生有更深的感悟，以便接下来读得更好更深入。阅读后的讨论交流是指全体学生都读完以后，再次组织交流讨论，汇报整本书的阅读收获。可以是阅读感悟，也可以是阅读方法的归纳总结。

由此，我们还可以把整本书阅读指导课做如下的细分：好书推荐课、思维训练课、阅读策略课、阅读实践课、阅读分享课、阅读欣赏课、阅读体验课、读书交流课等。其中阅读思维课是培养学生多角度思维的课，如，利革老师本次从多个角度评价一个人物，另外，为故事设计不同的结局，从不同人物的立场叙述同一个故事都属于这一类。阅读策略课是教会学生阅读策略的课，如怎样阅读一本书，从看封面、读目录、读细节等方面进行……这次，在志华老师的课上有所体现。

课外阅读是最经常的、直接的语文实践，是学生形成良好语文素养的重要途径，是新课程改革致力学生语文素养的形成与发展的需要。爱读书的孩子成绩不一定最好，但爱读书的孩子一定是最有发展潜力的孩子。

让我们坚定信念，和孩子们一起，继续阔步行走在阅读间！

阅读交流课，交流什么

《义务教育语文课程标准》对学生的阅读量提出了明确的规定：1—2年级5万字，3—4年级40万字，5—6年级100万字，小学阶段的总量145万字。作为语文老师，引导学生进行课外阅读，不是我们愿不愿意的"个人行为"，而是写入课程标准的"国家要求"，不是老师和学校的额外负担，而是学校教育和语文教学的分内任务。尤其是新颁布的课程标准已经把整本书阅读纳入语文六大任务群之一。

但是，课外阅读不仅仅是数量达标的问题，还应该追求阅读的质量和收获。而这些，都离不开老师的有效指导。本学期，我校进行了课外阅读阅读交流课研讨活动。

阅读交流是让学生畅谈阅读收获的一种课型。它不仅有利于巩固和提高阅读效果，培养良好的思维习惯和说写能力，还有利于相互启迪，共同提高，收到"奇文共赏析"的效果。

本学期的四节课，尽管年级不同，内容不同，形式不同，但各有特色，自成一体，给老师们如何上好此类课提供了不同的范本和启示。从中我们不难发现一般的规律：从交流的方式来讲，中高年级放手让学生自主交流，低年级在老师的引导下进行交流；从交流的内容来看，都侧重了主要内容、故事情节、主要人物、精彩片段、阅读感悟；从交流的形式来讲，可以概括整本书内容、讲（演）书中故事、评书中人物、赏（读、仿）精彩语段、谈读书感悟，还可以出题竞猜、选择等。

除此之外，我们也能从中梳理出"阅读交流"课的一般步骤：

一、直接进入正题

因为学生已经读过这本书，因此，不需要再花时间作铺垫，可以开门见山，直接进入正题。

二、交流整体感受

（一）回顾作品内容（内容）。主要帮助学生回顾与复述故事中重要的情节、人物、场景等。

（二）人物形象评析（人物）。梳理书中的人物角色，他们分别是什么样的人？自己最喜欢谁，不喜欢谁，为什么？

三、精彩语段、情节欣赏（语言）。学生阅读了整本书后，一定会有精彩的语段或情节留在脑海中，在交流整体感受的基础上，要引导学生围绕自己感兴趣、印象深、最打动自己的语段或情节分享。可谈理解和感悟，也可进行赏析和评价，还可以读一读、演一演、辩一辩、仿一仿。

四、阅读感悟交流（体会）。读了这本书以后，最大的感悟或启发是什么？

整个交流，体现了"整体—部分—整体""内容—语言形式—运用"的过程，符合香港理工大学祝新华博士提出的"六层次阅读能力系统"理论——阅读能力包括六个能力元素：复述、解释、重整、伸展、评鉴、创意。复述、解释、重整属于"客观性理解"，即对原文本的内容和思想有准确的理解。"伸展、评鉴、创意"是"主观性理解"，通过想象、推测、批判性思维，有依据地引申、拓展文本内容，并对文本的内容与表达提出自己独到的见解。

清华附小分校执行校长、特级教师李怀源老师曾以《亲爱的汉修先生》为例，从三个不同的角度开展"整本书阅读交流"的教学设计。

第一个角度——理解内容。出示本书目录，让学生先谈谈对整本书的认识。然后，进行如下讨论：出示书中角色的插图，学生谈对角色的认识；讨论故事：在每一个角色身上都发生了哪些事？两种讨论都是以小组合作的形式进行，先是小组内讨论，然后进行汇报。

第二个角度——领悟表达。先谈整体感知：本书讲述故事的方式和其他书有什么相同和不同？然后精细品评：把书中鲍雷伊的日记连起来读一读，你有什么发现？把书中鲍雷伊和汉修先生的通信读一读，你有什么发现？你认为"日记"和"书信"在这本书中的作用是什么？模仿书中的"日记"和"书信"写一写自己的故事。可以用上课文中或书中的词语和句子。

第三个角度——阅读策略。即跳出书的内容，以书为依托，培养学生提出问题、梳理问题、解决问题的能力。先让学生"乱说三分钟"，关于这本书的一切内容都可以和同桌交流分享。接下来就是"乱写问题"，把不明白的地方提出来。结果，学生提的问题一是太多、太零散，二是问题质量不高。于是，引导学生讨论，看哪些问题是值得提出的好问题（有价值的、值得思考的），让学生把组内的所有问题汇总，每个小组只能提交两个问题。然后，让学生对这些问题做出基本的评判、讨论。过程中，老师预设的关于日记和书信的问题，学生没有提出来，老师则及时提出此问题，让学生讨论。

当然，阅读交流课是在学生充分阅读基础上的交流，在此之前，老师一定要指导学生有目的、有计划地认真读、深入读、反复读，让学生切实有收获。也就是说，阅读整本书，也需要像学习课文一样，有明确的学习目标，学习目标就是交流的内容。尤其是老师也要跟学生一起读。这样，学生才有交流的方向、内容和话题。

小组合作有效性的提升策略

小组合作学习，顾名思义是一种以小组为单位的合作性学习，小组的作用能否充分发挥，合作的手段能否充分运用，是体现小组合作学习是否真正有效的两个关键性问题。小组合作学习的真正内涵是培养学生的合作精神、合作能力。所以，合作学习既是一种学习方式和学习技能，更是一种综合能力。

那么，如何充分发挥小组的作用？小组如何充分运用合作的手段，提升合作的有效度呢？

一、转变学生的学习观

小组合作学习重在转变学生的学习方式，让学生真正成为学习的主体。所以，教师在转变教学观的同时，还必须让学生转变学习观，让他们明白，学习要靠自己，不能总依赖老师，让学生从情感上认同自主、合作探究这种学习方式。

二、把握好有效合作的几个度

（一）成员分工的明确度。合理分工，人人参与，人人有活干，达到参与度均衡。如：有的当组长，有的当记录员，有的当汇报员，有的当监督员，有的当提醒员等。

（二）小组规模的大小度。小组合作学习的有序、有效和小组学习人数有直接的关系，因此研究小组合作学习的人数及其构成非常重要。小组的组成规模要多样化，可以有两人组、六人组，还可以有三人组、四人组，要根据年段特点和学习内容灵活选择小组的规模。就学习内容来讲，简单的生字词学习以及了解学生对课文的初读情况，如是否读得正确、流利时宜用二人组，这样比较节省时间。在对课文细读环节的一些难度较大的问题时，适宜用大组学习。就年段来讲，低年级因学生学习习惯、学习能力正在培养和训练，大多数学生受学前教育和家庭教育的影响，以自我为中心，不善于与人交流，更不善于关注别人。因此小组人数以2—3人为宜，侧重同桌2人合作，继而发展到前后桌2人或3人的合作。重在培养合作学习意识，养成合作学习习惯，激发与人交流合作的热情。到了中年级，学生在老师的指导下，有了一定的学习习惯，初步具备了一定的学习能力。小组人数以4—6人为宜，侧重前后桌4人合作学习。重在合作氛围的营造，学习任务的落实，学习责任的确定。在小组人员构成上，要做到性格上的互补，"快而准""快而不准""慢而准""慢而不准"四种类型学生的互补，好、中和学困生的互补，这样更有利于合作学习，以达到充分交流的目的。

（三）合作方法的引领度。首先，要规范合作程序，给组内每个成员编上序号，使交流变得井然有序。其次，要规范合作行为，让学生在合作交流时，适当使用相应的体态语，如表示赞同可用点头、竖起拇指等特定的动作，在同学发言时，要尊重他人，注意倾听，当对某个小组成员的发言有疑问时，要等同学发完言再发表自己的观点。最后，要规范合作语言，交流时，态度要真诚、友好，多发现对方的优点，委婉指出其缺点，如"某同学，对你的回答我有一点补充""某同学，刚才你读这个地方时，我没听清，你能否再读一遍？""这个地方该这么读，你能这样读一读吗？""我们小组不太同意你们组的观点，我们认为……"等等。

其次就是两培训。一是对小组长要定期进行岗位培训，如：怎样组织好小组的交流、讨论，怎样当好调解员，怎样制定小组奋斗目标等。二是对小组合作的流程进行培训。一般是这样的流程：独立学习（默读，独立思考，做批注）—小组交流（组长组织讨论：现在我们讨论这个问题，A同学，你是怎么想的？B同学呢？C……谁还有补充吗？我认为……）—全班交流（我们组交流这个问题，请A同学代表我们组发言，其他组员还有补充吗？其他小组的同学对我们的汇报还有补充吗？我们的汇报到此结束，谢谢大家！）

最后是三教会。小组合作的最大优势就是通过同伴之间的彼此倾听、讨论、启发，使自己的认识、做法或得到验证、纠正、提升，或使彼此的意见达成一致，或碰撞出新的思考和见解。

1. 要教会学生认真倾听，这样才能听懂别人的发言，才能和别人很好地交换意见，把握思考的方向，在别人发言的基础上提出自己新的想法和观点。这里的倾听是广义的，可以听其言，可以观其行，也可以思其想，既要听清，更要听懂。可以给学生提这样的具体要求：要专心，目光随着发言的同学走；要耐心，听完别人的话再发表意见；要留心，注意发现别人发言中与自己相同和不同的意见；记要点，注意捕捉重要信息，可以做简单的笔录。

2. 要教会学生思考，先独立思考，再带着自己的思考参与小组交流，防止思维惰性。小组交流时，要对同伴的发言做进一步的深入思考，看能否从中获取新的信息，解决自己的问题，或者对交流中产生的新问题进行深入的思考，在思考中不断完善自己的认识，不断产生新的想法。

3. 要教会学生交流。大部分学生年龄相仿，知识积累相近，理解能力差别不大，所以，在小组交流时，对于重点词语的理解，含义深刻句子的体会以及文章精彩段落的赏析感悟，势必会出现相同想法，如果有一位小组成员发表了自己的见解，其他组员若有相同感受可以点头，也可以微笑表示赞同，不必再重复表达，这样节省时间高效。如果自己有了独特感悟要及时补充，这样能促使大家的见解逐步深入、到位。如果在交流中出现了不同意见，一定要让学生学会争论，这样能促使理解更深刻。与此同时，还要善于吸收别人发言中的精华，以使自己的收获更丰富。

（四）评估小组合作学习质量及进度。小组合作学习结束后，教师要引导学生用很短的时间进行回顾、总结、评估。其目的一是让所学新知更加明朗化，二是完善学生的知识结构，三是使学生了解自己与小组学习的大体情况，做好自我调整，四是对表现好的小组进行肯定和表扬，树典型，立标杆。

（五）合作时间的调控度。时间过长，学生将无所事事，影响正常教学；时间过短，每个人不能充分发表见解，起不到交流的作用。

（六）合作问题的难易度。教师始终是小组合作学习积极热情的设计者和引导者，要充分考虑到学生主动发展的需要，设计弹性化的、有一定间域和思维度的课堂问题，让学生去自主感悟、比较、体验，合作交流。

（七）合作时机的准确度。要把握在重、难点处合作，在意见有分歧时合作，在个人探索有困难时合作的原则。

总之，小组合作作为一种学习方式，绝不是一种简单的形式，而是一个内部需要的自然过程。正如美国数学教育家舍福尔德所说：教学应主要由"全班性的讨论"和"小组讨论"这两个环节组成。因此，只有充分鼓励学生之间、师生之间真正的合作与交流，每个学生学习的积极性和创造性才能充分发挥，这样的合作学习才具有效性。

《书戴嵩画牛》教学建议

　　统编教材重视传统文化的传承，最引人关注的变化之一是古诗文比例大幅提升。较之以前的人教版，小学 6 个年级，古诗文总数增加了 55 篇，增幅高达 80%，占到了全部课文的 30%。从三年级开始，每学期安排一篇篇幅短小、文字简练的文言文，如《司马光》《守株待兔》《自相矛盾》《精卫填海》等，共 14 篇，增加了 10 篇。对于语文学科而言，这是一次重要的回归——回归"语"和"文"的学科功能，提升中小学生语文素养和文采，使越来越多的中国人能够"腹有诗书气自华"。

一、基于文体视角阅读文言文

　　《义务教育语文课程标准（2011 年版）》没有对古诗文教学专门提出教学建议，而在"评价建议"部分指出评价学生阅读古代诗词和浅易文言文，重点考查学生的记诵积累，考查他们能否凭借注释和工具书理解诗文大意。词法、句法等方面的概念不作为考试内容。所以，小学文言文教学的重点应该是引导学生记诵积累、借助注释和工具书理解大意。通过《书戴嵩画牛》这篇文言文，完成以下基本的教学任务：

（一）反复诵读。小学生读文言文，首先要大声诵读获得语感。其中，老师的范读尤其重要，可以帮助学生快速掌握冷僻字的字音，学会句子间的停顿和古文特有的语调等。在此基础上，指导学生反复诵读，直至通畅自如，此时，学生对部分词义也就明了了。

（二）释析要点。引导学生借助注释和工具书理解全文大意，对于一些学生无法自读自悟的词句，老师做重点点拨、讲解，之后，仍需通过诵读的方法巩固、加深印象。

（三）拓展关联。这篇文言文浅显短小，加之学生在二年级学过《画家与牧童》这篇课文，又因为已经是六年级的学生了，已经具有了一定的文言文阅读能力，所以，阅读理解不是难点。可以再找一些相关的内容给学生阅读。如乾隆皇帝在戴嵩的《斗牛图》上的两次题诗以及题诗的背景：第一首"角尖项强力相持，蹴踏腾轰各出奇。想是牧童指点后，股间微露尾垂垂"，乾隆完全相信了牧童的说法，表达了与苏轼同样的感慨。后来，当乾隆在顺义观看了斗牛之后，发现斗牛并非总是"夹着尾巴"，也有"翘着尾巴"的时候，认为牧童所言存在偏颇，于是，又在戴嵩的画上题写了第二首诗"牧童游戏何处去？独放双牛斗角叉。画跋曾经关画录，录诚差跋更为差"，对自己和苏轼"尽信书""尽信牧童"的态度进行了反思。

二、基于语用视角阅读文言文

《书戴嵩画牛》这篇文言文安排在统编教材六上第七单元。本单元的语文要素为：借助语言文字展开想象，体会艺术之美（阅读）；写自己的拿手好戏，把感受、看法写出来（表达）。课后的练习为：用自己的话讲讲《书戴嵩画牛》的故事。尽管是一篇文言文，同样承载着落实本单元语文要素的任务。如何落实？

为了落实"写自己的拿手好戏，把感受、看法写出来"这一表达要素，可以在拓展阅读乾隆的两次题诗的基础上，出示古今画家都是把牛尾画的向上的画作，引导学生把自己读了这个故事的感受和想法写一写，建构自己的观点、感悟，同时发展学生的思维能力，欣赏绘画创作的艺术美。

为了落实"借助语言文字展开想象，体会艺术之美"这一阅读要素，可围绕课后练习"用自己的话讲讲这个故事"展开训练，这也是高年级创造性复述能力的一次训练。可以引导学生通过补充情节、刻画人物的方法对这个故事进行创造性的复述。如：抓住牧童"拊掌大笑"的动作，让学生展开想象，还可以抓住杜处士听了牧童的话后，有什么反应，有什么样的动作、神态、表情，心里会想些什么，既加深对牧童和杜处士两个人物的形象理解，又领悟文言文言简义丰的特点。还可以通过创设情境，让学生想象：假如戴嵩或杜处士生活在当今的信息时代，面对牧童的质疑，他们又会有什么反应，怎么向牧童解释呢？若有时间，还可以让学生演一演这个故事。通过讲故事、演故事，文白对照，文言就从死的文字变成了活的语言。

重视策略习得，强化语用实践

——《阅读要有目的》评析

语文学习，只有与生活紧密联系，才会有真正的内驱力；只有掌握相应的策略和方法，才会有事半功倍的效果；只有养成习惯、形成能力，才会有可持续的发展。为了全面提升学生的阅读素养，部编教材以"阅读方法与策略"为主线组织单元内容，在中高年段编排了预测、提问、提高阅读速度、有目的地阅读四个阅读策略单元，构成了一个层层递进、相对完整的策略体系。这既是一大创新，又是一大突破，既是由"教课文"到"教语文"的突破，又是由"教教材"到"用教材教"的跨越，阅读教学需要这样的课型。

"有目的地阅读"是六年级上册的策略单元，要求是"根据不同的阅读目的，选择不同的阅读方法"。读完陈老师的说课稿，有一种久违了的明朗、纯净和酣畅的感觉。

一、板块教学，目标呈现清晰

陈老师呈现的是一个单元的教学过程，不管是完整的单元，还是单篇课文，均采用"目标引领，结构清晰，层次分明，训练扎实"的板块式教学。三篇课文的教学自成三个板块，共同完成单元目标，每篇课文的教学也由不同的板块组成，共同完成所承载的任务。各板块均集中解决一个问题，目标简约精准，各个板块之间又大致呈现出一种"由浅入深、由易到难、由认知到实践运用、由知识到能力素养"的层进式逻辑顺序。

完整单元各板块的目标呈现		
课文（板块）	目标	
《竹节人》	怎样根据阅读目的选择合适的内容	
《宇宙生命之谜》	根据阅读目的采用恰当的阅读方法	↓
《故宫博物院》	将前面两篇课文中掌握的方法迁移运用，加以巩固	
《竹节人》各板块的目标呈现		
板块	目标	
1	联系生活实际，认识"有目的地阅读"	
2	确定阅读目的、选定细读内容	↓
3	自主阅读，完成阅读任务，然后全班交流	
《宇宙生命之谜》各板块的目标呈现		
板块	目标	
1	明确阅读目的	
2	选择阅读内容	
3	汇报阅读结论	↓
4	交流阅读方法	
《故宫博物院》各板块的目标呈现		
板块	目标	
1	自主选择阅读目的，自由结成小组展开自主合作学习	↓
2	汇报交流	

二、以生为本，凸显主体意识

课改初期，有过分强调学生的主体意识，弱化教师主导作用的倾向。随着"学习语言文字运用"理念的深入人心，语言文字的训练也越来越得到重视。但是，学生的主体地位又有被弱化的趋势，课堂上，"自主、合作、探究"的学习方式被冷落，取而代之的是老师的串讲串问。陈老师本单元的教学，尤其重视学生的自主学习，并引导学生在自主学习的基础上进行合作和探究，在此过程中，老师"该扶就扶，该放就放，扶放结合，扶放适度"，体现了学生在教师引导下的自得、自悟的过程。比如《竹节人》第二个板块"确定阅读目的、选定细读内容"的教学步骤：

第一步：让学生阅读课文导语，明白学习本课有三个任务，完成不同的任务，阅读课文的方法可能会有所不同。

第二步：让学生带着思考初读课文。

第三步：组织学生交流：根据这些任务，我会怎么读《竹节人》。通过交流，学生明确了要完成不同的任务，我们重点关注的内容会不一样，提取的信息也不一样，花的时间也不一样，思考的深度也不一样。

那么，到底怎么不一样呢？陈老师又请学生结合内容进一步思考。先小组讨论，后合作完成表格。

每一个步骤都给予学生充分的自主、合作和探究的时间，使学生的自主管理能力得到有效提高。

再比如，《竹节人》第三个板块，陈老师让学生根据自己的兴趣，从三个任务中选择其一展开学习，在学习《故宫博物院》时，充分尊重学生的学习愿望，让学生自主选择阅读目的展开学习，有效激发了学生的学习兴趣，调动了学生主动学习的积极性。因为"兴趣是最好的老师"，当学生真正成为学习的主人时，其学习的创造性才能真正被激发，学习才会真正实现有效和高效。

三、实践为本，强调语文活动

学生的语文能力是在语文实践中形成的，不是老师讲会的。语文课不是研究教师怎么讲，而应该研究如何设计有效的活动组织学生去实践，在实践活动中提高学生的语文能力。本单元教学最大限度地摒弃了机械、烦琐的讲解、分析，重视让学生在实践活动中亲力亲为，经历阅读过程，《竹节人》写玩具制作指南，教别人玩这种玩具，《故宫博物院》让学生设计路线，当解说员等都是很好的语文实践活动。学生在实践活动中形成了认识、掌握了方法、锻炼了能力。

四、好课多磨，值得商榷之处

（一）适当拓展课外阅读。"教读—自读—课外阅读"是部编教材三位一体的阅读教学结构。本单元教学很好地体现了由"教读"到"自读"的过程，但是，还没有拓展延伸到课外。教学《故宫博物院》时，若采取"1+x"的方法，再补充一到两篇文章，让学生运用学到的方法进行阅读，学生对"有目的地阅读"这一策略的掌握也许会更牢固。

（二）在"为什么这样教"上作一些具体的阐述。作为一篇说课稿的话，不仅要说清楚是怎么教的，更重要的是还要说清楚为什么这么教，是基于什么理念，出于什么想法，想达到什么目的。

适度把握年段要求，突显低段教学特点
——《称赞》课堂教学评析

一、初读质疑

师：彩翎班的小朋友们，你们好！今天，王老师给大家带来一个美丽的小故事。我看看谁最会听，最会看。（音乐响起，老师绘声绘色讲述故事，中间适时出示生字卡片）

【评析：开课，老师充分利用自身优势资源，声情并茂地为学生讲故事（范读课文）。一是激起学生学习的欲望，为后面的朗读指导做好铺垫；二是培养学生认真听记的能力，让学生在轻松愉快的氛围中初步感知故事内容，获得对文本的感性认识；三是在听读的过程中，在语言环境中初识文中部分生字，一举多得。】

师：同学们喜欢这个故事吗？

生：喜欢！

师：它就是我们今天要学习的第十八课《称赞》，来，伸出小手跟老师一起写课题。称，左边是禾字旁，右边是尔，咱们在《曹冲称象》

一课见过"称"字。赞，上面有两个先，第一个就得蜷起腿来给第二个让让地方，懂得礼让，就会受到称赞。来，一起读课题。（生齐读课题）

【评析：板书课题不走过场，抓住契机，对学生进行规范书写指导的同时，一并灌输人文教育。】

师：在故事里是谁称赞了谁？

生：是小刺猬称赞了小獾。

师：哦，还有吗？

生：还有小獾称赞了小刺猬。

师：用上"也"，把两句话合起来说说。

生：小刺猬称赞了小獾，小獾也称赞了小刺猬。

【评析：此环节，语言训练扎实，不单单追求让学生说对，更追求说好、会说。】

师：真棒！这就叫作互相称赞。来，快看，谁来了？

生：小刺猬。

师：它是谁？

生：小獾。

师：其实，它们俩也特别想和我们彩翎班的小朋友见面，可是你看，争先恐后地都跑乱了。哪个小朋友上台来摆一摆，贴一贴？其他同学咱们看看他摆得对不对？（生上台摆放名字卡片）

师：来，往上推，放在它的下面。同学们，他摆对了吗？

生：对了！

师：那嘉诚，你能不能领着大家读一读？

嘉诚：小刺猬。

生（齐读）：小刺猬。

嘉诚：小獾。

生（齐读）：小獾。

师：嘉诚啊，不仅摆得对，还注意了"獾"这个字的本音是四声，

（师领读"猬"，生跟读）当它和刺连在一起的时候，就要读成轻声。来，我们和这两位好朋友打打招呼吧！你好，小刺猬！

生（齐读）：你好，小刺猬！

师：欢迎你，小獾！

生（齐读）：欢迎你，小獾！

【评析：遵循学生学习心理，以游戏的形式，调动学生多种感官参与学习。】

二、学习"清晨"部分

师：小獾和小刺猬在课文里等着我们呢！在读书之前，请大家先看看老师的两点提示：第一，注意小树叶上生字的注音，把字音读准，把句子读顺；第二，一边读一边想，还有哪些不理解的词语或者句子。明白了吗？

【评析：初读要求明确、适度，让学生既关注生字的读音，把句子读正确、流利，又关注不懂的词句，初步培养学生边读边想、提出问题的习惯和能力。】

生（齐读）：明白！

师：轻轻地打开课文85页，开始读书。（生默读课文）

师：很多同学读完之后，就用自己的坐姿告诉老师，多好的学习习惯啊！

师：快看，生字苹果树！我们做了预习，又读了课文，仔细看一看，哪些字是你已经认识的呢？你能读对哪个，就可以帮助小刺猬摘下那个苹果。谁想来摘苹果？来，请你来。

生：我认识"板"，一个木字旁加一个反就是板凳的板。

师：读得真好！还有没有认识的生字？

生：我还认识"但"，一个单立人，一个元旦的旦。我还认识椅子的"椅"，一个木字旁，一个奇。我还认识"傍"，一个单立人，一个旁。

师：读得真棒！刚才这位小朋友已经认识了四个生字，请你把话筒传给后面的同学。

生：我认识粗糙的"糙"，一个米，一个走之底加一个告。

师：你说得真好！还有吗？

生：我认识"瞧"，是一个目，一个单立人，然后一个主加一横，下面四点底。

师：好！那个来，你把话筒递给那个小女孩！

生：我认识"凳"，登下面加一个几就是凳。

师：没有啦？没关系！你看这两个小苹果留在树上不肯下来，谁来读一读，帮助小刺猬摘下它？来，请你。（抽生说）

师：你看，同学们，你认识几个，我认识几个，互相教一教就能读出来，那现在我们一起帮助小刺猬摘摘苹果，你说好吗？（生齐读生字）

师：这两个苹果不肯掉下来，为什么啊？请你读。（抽生领读）

师：来我们一起读一遍。

师：有现在不认识的字，非常正常，待会儿我们到课文里边去和这些课文多见几面，你就都认识了！你有不理解的词语或句子吗？谁有？请你说。

生：粗糙。

师：还有吗？你来。

生：但是。

师：你能用但是说一句话吗？

生：但是就是可是的意思。

生：我不理解"傍晚"是什么意思。

【评析：此环节设计目的是了解学情，弄清哪些是学生通过预习已经掌握的，哪些是存在困难的，以便准确地确定教学的起点，以学定

教，顺学而导。】

师：能够在读书的时候提出问题，这说明你在读书的时候非常会思考，那想解决问题呢，就得用心地把课文再来读一读。首先，请同学们认真地来读一读第一到第四自然段吧！（生自读课文第一到第四自然段）

师：刚才有同学提出不能理解这个词语的意思，谁会读一读？（生开火车读：粗糙。）

师：大家一起读（生齐读）。这个字读"糙"。那请同学们仔细地看看图，想一想，做得很粗糙的小板凳会是什么样的呢？（生看图）

生：做得不好看。

生：而且还不光滑。

生：还有一些裂缝。

师：对，不光滑，不好看，用一个词语来表示，就是——

生：粗糙。

师：现在理解这个词语了吗？

生：理解了。

【评析："结合上下文和生活实际了解文章词句的意思"是课标对低年级词句理解的要求。"了解"一词非常准确地指出，低年级的词句理解是浅层次的、感性的，不必追求深入的理性分析。对"粗糙"一词的理解很好地体现了这个要求。】

师：那好，我们一起读读这句话吧！（生齐读）

师：小獾正在学做木工呢，虽然做得很粗糙，但是你看它多认真啊，让我们来做小刺猬称赞称赞它吧！谁先来？

生：小獾，你做的板凳真好！

师：你能用文章中的语言来称赞吗？

生：你真能干，小板凳做得一个比一个好。

师：这句话的后面是什么号？

生：感叹号。

师：对呀，感叹号说明你多热情啊，该怎么读呢？请你（抽生读）

师：给王老师一个机会，让王老师也来夸奖夸奖它好不好？

生：好。（师示范读）

师：谁能像王老师这样读一读？请你——（生读）

师：我还竖起大拇指了呢！你要是能竖起大拇指，小獾就更高兴了！（学生竖起大拇指，读得绘声绘色。）

师：小獾听到你的称赞一定高兴坏了！来，我们大家一起来学学它的样子读一读。（齐读：你真能干，小板凳做得一个比一个好！）

师：真的吗？现在你们来做小獾，我来做小刺猬，我来称赞称赞你们！你真能干，小板凳做得一个比一个好！

生齐问：真的吗？

【评析：老师根据低年级学生年龄特点，注重创设情境，激发情感，并抓住标点符号，采用老师示范、角色互换等多种方式方法指导学生朗读，既有趣又扎实。】

师：当然啦！小獾的板凳就是做得一个比一个好！我发现彩翎班的同学们听课一个比一个认真！来，给王老师笑一个！嗯，你们的笑脸一张比一张漂亮！一什么比一什么怎么样，我知道你也会说。一时没有想起来的同学可以看看咱们的会场，寻找一下灵感，谁想起来了？（抽生说）

生：一个比一个大。

师：什么一个比一个大？

生：凳子一个比一个大。

生：树一棵比一棵壮。

生：屏幕一个比一个大。

师：哦，你看到了我们的屏幕一个比一个大。你真会观察！

生：射灯一个比一个亮。

师：你真棒！会从我们的会场里寻找资源。

生：你写的字一个比一个好。

师：谢谢你们的夸奖！小獾的板凳一个比一个好，同学们的发言也是一个比一个精彩！

【评析：由朗读指导自然过渡到语言训练，又由语言训练自然过渡到课文内容。而且在语言训练的过程中，注重与内容感悟、情感激发紧密联系，做到了工具性与人文性有机统一，使得语言训练与情感熏陶相得益彰。】

三、学习"傍晚"部分

师：得到小刺猬的称赞，小獾干得更起劲了。一晃，太阳快要下山了，这个时间就叫作——

生（齐答）：傍晚。

师：再读一遍。这个字读 bàng。

师：傍晚的时候，小獾都会做椅子啦！它要把自己精心制作的椅子送给小刺猬。那小刺猬是怎么说的呢？谁来读？（抽生读）

【评析：巧妙利用看图这种形式理解"傍晚"，再次体现了课标对低年级词句理解的要求。】

师：小刺猬是怎么说的？

生（齐答）：不好意思的。

师：不好意思的时候会是什么样的语气？什么样的表情呢？都看着王老师……（师范读，生自己练读）

师：谁来读一读？请你——（抽生读）

师：你还可以加上动作读，多难为情啊，老师再给你一个机会，你一定能读得更加流利，对不对？（生读小刺猬说的话）

师：活脱脱的一个不好意思的小刺猬！那小獾是怎么回答的呢？它在说话的时候又会是什么样的心情呢？请大家读一读这段话，然后通过你的朗读、你的动作、你的表情表达出来，开始吧！（生自读课文

中小獾回答的话）

师：谁想来读给大家听？请你——（抽生读小獾说的话）

师：这里有两个儿化——有点儿泄气的时候，一点儿心意，你再读一读。（师带生读）

师：我也想来读一读，让我也来读一读，好不好？

生齐：好。（师读句子，生仿照老师读的语气读句子，师抽生读）

师：多诚恳的话语啊！这是我的一点儿心意，收下吧！同学们有没有发现，他一边读，还一边做着动作，来，我们把掌声送给他。（大家掌声鼓励）

师：还有谁想来读一读？来，我请这边的同学……（抽生读句子）

师：我听出来了，这只小獾还特别的自豪，都会做椅子了。来，我们跟他学读这句话，瞧，我已经会做椅子了！（齐读）还有谁想读给大家听？来，请这个小伙子读一读。

师：我听出来了，你对小刺猬呀充满了感激，请坐。那现在我请同桌两个人，一个扮演小獾，一个扮演小刺猬，合作读一读它俩的话吧，如果你能适当地加上动作，那就更好了。（同桌两位小朋友分角色朗读）

师：哪一组同桌愿意给大家展示？非常踊跃！我首先请这排的两个同学——（抽生分角色朗读）

师：你们俩读得非常有感情。那同学们哪一个小组愿意加上动作向他们挑战？（抽生再读）

师：现在我们知道了，原来呀把自己当成小刺猬，当成小獾，然后体会着它们的心情，就可以帮助我们读好它们俩的对话。

【评析：利用课文中对话这个"例"，指导学生得意（小刺猬与小獾之间的真挚友谊）、得言（对话中的提示语写出了人物说话时的心情和语气）、得法（把自己当成文中的人物，抓住提示语，体会它们说话时的心情和语气，就可以帮助我们读好对话），很好地促进了"例"的增值，体现了对学生学习的指导。】

师：那接下来就请同学们利用这种办法，结合着插图，自己来读读八、九、十这最后三段吧！（生自读最后三个自然段）

师：谁想来读给大家听？哇，这么多同学！那这样吧，我请咱们班的女同学来扮演小刺猬，男同学来扮演小獾，王老师来读旁白。我们不用看书，看着大屏幕，一起来读。（师生一起读八、九、十自然段）

师：原来称赞呀有这么大的力量，它可以消除小刺猬一天的疲劳，还能让泄气的小獾拥有自信。而同学们，你们朗读的声音和样子也让王老师感到无比的幸福！

【评析：方法迁移，学以致用，让教师的教为学生更好地学服务，让学生渐渐地把读好对话的方法内化为适合自己的读法，形成朗读能力。】

四、学习生字

师：生字小朋友也想和你们再见见面呢！你看，它躲在了这首儿歌里，想考考我们彩翎班的小朋友是不是还认识它们，认识吗？

生：认识。

师：自己读一读。（生自读儿歌）

师：我请一位同学来给大家读一读，请你吧！（抽生读儿歌）

师：不仅读得正确，还非常有节奏，掌声送给他。（大家送掌声）

师：同学们那我们拍着小手一起读一遍，好不好？来跟着老师的节奏。（全班跟着老师的节奏拍手掌读儿歌）

【评析：遵循识字规律，当堂采取多种方式复现，让学生在具体的语言环境——一首概括课文内容的儿歌中与生字再次见面，形式新颖，激发了学生的识字兴趣，不仅巩固了生字，而且提升了识字的要求。（在课文中认识，换个地方也能认识）】

师：这当中有四个生字是要求我们今天学会写的，来一起读一读。（生齐读四个生字）

师：请同学们仔细观察，你发现这四个字有什么共同点？

生：上面两个都有单立人，下面两个都有木字旁。

师：真会观察！还有吗？

生：还有形声字。

师：你知道的真多。

生：还有都是左右结构的字。

师：对，都是左右结构。那同学们再看一看，这几个左右结构的字，左边都要——窄一点，右边写得都要宽一点，那如果请你来当小老师提醒大家，你准备提醒大家哪个字，注意什么才能写漂亮呢？来，你来说。

生：但是的"但"，要把右边的元旦的"旦"稍微写得宽一点。

师：左窄右宽。

生：木字旁出头要长一点，大最后一笔是点。

师：你观察得真仔细！大的最后一笔是点，而且这个大要写得小小的。还有吗？来，请你当小老师。

生：就是板凳的"板"，是左边高右边低。

师：你连这点都看到了，真棒！

生：椅子的"椅"，木字旁那一捺要变成点。

师：对。木字旁的捺都要变成点，不然就把右边的字给踢走了。好，同学们看看这当中哪一个字比较难，需要老师在黑板上教写，一起说吧！（傍）

师：好，我们就一起写"傍"，伸出小手，看黑板。注意，跟老师一起说：先写单人旁，右半边中间是秃宝盖，写的时候这里要停一停，你看看这一横和这一横有多远，然后再写方的那一横距离要保持相等。告诉我，"方"是先写横折钩还是先写一撇？（横折钩）对，而且横折钩的横要向下倾斜一点，最后一笔才写撇，看清楚了吗？

生：看清楚了。

师：再看看两个木字旁的字还有要老师教写的吗？一起说。（有的学生说"板"，有的学生说"椅"）

师：首先来看"板"，木字旁先写横，写竖的时候不要从中间交叉，要从三分之二的地方开始写竖、撇、点。撇，这一撇要写平点，下一笔立以点。捺要注意往右，看到了吗？

生：看到了。

师：椅子的"椅"，伸出手和老师一起数笔画。好，预备起——横、竖、撇……同学们看清楚了吗？

生：看清楚了。

师：好，那我们现在就在田字格里写这四个字了，写字之前不要着急，首先把笔拿正确，想好我们写字的时候要做到三个一，然后在你的田字格里描一个写一个，好，请开始。（师放音乐，生动手书写）

师：好，请停笔，我请赵薇同学到前面来，拿着你的书。同学们，我们来看看她写的字，你最欣赏她写的哪一个？

生：傍。

师：你对她说什么？

生：你真棒！

师：哦，你写的字真漂亮，老师奖她一个漂亮的喜羊羊。好，请回，掌声鼓励她！

师：好了，同学们，今天这节课上咱们彩翎班的同学们一起识了字，读了课文，下节课我们可以在老师的带领下，将这个故事演一演好不好？（好）非常高兴与同学们一起度过了快乐的四十分钟，下课！

【评析：写字指导精要、得法。注重揭示规律，做到指导一个字，带动一类字，从学生需求出发，有针对性地进行指导并范写。而且在指导的过程中注意引导学生观察，鼓励学生说出写每个字要注意的问题，在评议中加强指导，提高写字质量。】

总评：

王老师执教的《称赞》一课干净、明快、扎实，从学生学习需要出发，以生为本，以读为主，以学定教，顺学而导，巧妙地将识字教学与阅读教学结合起来，既鲜明地体现了低年级字词教学的重点，又真正实现了在阅读中学习生字的目标。

五、适切的教学目标

本课教学充分考虑到了年段要求、教材特点、学生的学习需求，教学目标的设定非常适切。

激发阅读兴趣、培养朗读能力、落实字词句训练、重视语言积累是课程标准对低年级阅读教学的要求。为了激发学生的阅读兴趣，王老师通过绘声绘色的讲故事，引导学生加动作表演读、做游戏、角色体验等多种生动活泼的学习方式学习课文，不做任何烦琐的讲授分析，让学生在课堂有限的时间内尽情投入到扎扎实实的阅读、识字、写字之中；针对这篇童话小獾和小刺猬的对话贯穿始终的特点，确定了读好人物对话的朗读训练目标；上课伊始就通过"摘生字苹果"游戏和"质疑"了解学生本课学习的起点，把学生不会的、学起来有困难的确定为字词句训练的重点和难点。

六、适宜的教学内容

一篇课文中可能会有很多知识点，可供不同年段的学生阅读。但多数情况下，在某一年段只需关注某一侧面的某一点或某几点就足够了。但是，这些知识点不像识字教学清晰、直白，这就需要我们统观教材，对照年段教学目标，有选择地确定核心教学内容，创造性地使用教材。

课文的语言特色，即文本的核心教学价值。这篇童话的语言特色主要表现在小刺猬和小獾饱含温情又富有童趣的对话上。因此，王老师根据低年级阅读教学要求，围绕对话，以朗读训练为经，以字词句训练为纬，设计了以下几个教学内容板块：抓"识读"奠定文本阅读基础，落实读懂课文、感知大意；抓重点词句的理解，落实入境悟情、熟读课文；抓对话指导训练，落实方法指导、形成能力；抓重难点生字的书写，落实书写指导的精要、得法。

七、合适的教学方法

所有的教都是为了学生的学，教学方法没有好坏，只有合适与否，合适的，才是有效的，才是最好的。本节课，王老师遵循学生的学习心理，根据不同的教学内容选择合适的教学方法与策略：采用"摘苹果""摆动物名字"调动学生多种感官参与学习；让学生借助图画、结合生活实际理解"粗糙""傍晚"的意思；通过读儿歌提高识字要求，巩固识字效果；让学生把自己当成文中的人物，抓住提示语，体会他们说话时的心情和语气，加动作演一演，读好人物对话……

综观整个教学，王老师切切实实"把课上成了语文课，上成了阅读课"。

语用理念下的低年级识字教学

低学段是学生语文学习的关键期，对学生语文素养的形成和发展具有重大的影响。"识字、写字是阅读和写作的基础，是第一学段的教学重点，也是贯穿整个义务教育阶段的重要教学内容。"这种表述方式，是针对当前低学段语文教学存在的常常偏离识字、写字这个"教学重点"的问题向我们发出的强烈信号。那么，在"学习运用语言文字"这一理念指导下，低学段语文教学不仅要坚定不移地坚持以识字、写字为教学重点不动摇，还应该让识字教学浸润文化气息，放眼学生综合素养的提升。

一、语用理念下的识字教学应渗透汉字文化

识字的对象是汉字。汉字是文化的名片，每一个汉字都静静地散发着文化的气息，每一个汉字都是一个美丽的文化故事。因此，识字教学不应该仅仅是让学生认会、记住，还应当根据学生的学习心理和认知特点，充分运用汉字的形成规律，彰显汉字文化独有的魅力。

（一）追本溯源，让学生了解汉字的演进过程和文化意蕴。《义务教育

语文课程标准》提出，要让学生喜欢学习汉字，有主动识字的愿望。只有学生喜欢汉字，识字教学才会成为他们感兴趣的语言活动。

汉字的发展源远流长，从甲骨文开始，历经了几千年的传承和演变。一个个来源悠久的汉字本身就是中华文化的活化石。在识字教学中渗透汉字的演进规律和构字依据，不仅有助于学生了解字形与字义之间的联系，还能让学生潜移默化地受到汉字文化的熏陶，逐渐感受到汉字内蕴的博大精深，领略到我们祖先的聪明才智，激起他们对祖国语言文字的热爱和向往。

人教版教材在识字课的编排上也充分体现了编者强烈的汉字文化意识。比如语文一年级上册识字的第3课《口耳目》，12个字按人体器官、动物、天体和物象、植物分成四类。每个字用图文结合的方法展示汉字演变的大致过程，以便学生理解字义，认识字形，初步了解汉字的造字规律，初步感受汉字义形结合的特点。相似的还有《日月明》一课中"日月明，鱼羊鲜，小土尘，小大尖……"等。

案例1：人教版语文一上《口耳目》教学片段：

老师想考考大家：很早很早以前，在我们还没有发明出汉字的时候，古人是用什么办法来记录一件事的呢？

（根据学生的回答，老师以"羊"字为例，从"结绳记事""图画传意"到"仓颉造字"，再从最早的甲骨文开始，讲了刻在铜器上的金文、秦国的大篆、李斯建议下采用的小篆、隶书、楷书，最后还讲了为方便书写而演变出来的草书、行书。过程中配以相应的字体演示。）

小结：中国的汉字多奇妙啊！是从动物的样子慢慢变化过来的。

出示带拼音的"羊"的字卡，让学生齐读、指名读。

大家见过羊吗？说说你对羊的印象？

…… ……

本课是学生学完汉语拼音之后的第二次识字，相信孩子们通过这一教学环节的学习，肯定会对神秘而又奇妙的汉字学习之旅充满期待和向往。

汉字的字形字义和古代文化有着密切的联系。著名特级教师黄亢美认为，汉字的构字原理是识字教学的根本，让学生依据字理进行析形索义，因义记形，那么所学的汉字就能意义识记，持久不忘。

案例2：黄亢美《雷雨》生字"压"教学片段

出示"压"的生字卡片，请学生认读。

师：上面是什么头？（厂字头）表示什么？

生：工厂倒下来压到土地了！

师：请看老师板画，这是一座山坡，山崖上的泥土不断地往下落，堆了一层又一层，这两横就表示山崖上落下来的泥土，这一点就好比是山崖上掉下来的石头被泥土压住了。所以"压"字是厂字头加一个土再加一点。厂字头是表示山崖，古人在山崖边造一些简易的房子来放柴什么的，所以这个厂字头也表示简易的房子。记住这个字了吗？

黄老师边板画，边叙说，孩子们的眼睛瞪得圆圆的，目光中充满了惊讶和期待。在他们的眼中，这些汉字已不再是一个个抽象的符号，而是一幅幅流动的画卷，祖国汉字所蕴含的历史与文化就会借此自然而然地融入学生的内心。

有时候，字理的渗透往往能让学生茅塞顿开，有效地防止和纠正一些错别字。

案例3：不少孩子常常将"发誓"的"誓"上面的"折"写成"拆"。

如果我们在教这个生字时，从字形分析一下这个字的文化内涵，就可让学生很轻松地区分开来："誓"字本义是告诫约束战士的言辞，将士接受命令后，往往要表态，引申为立誓、发誓。即言如箭折断，折断后则不能复原，而自己已出口之言则绝不能反复。若做不到，亦如孔明草船借箭，如兑现不了誓言，按所立军令状，身首两分。

这样，通过字形分析，不仅让学生生动形象地理解了字义，掌握、巩固了字形，同时又进行了观察、联想的思维训练，更重要的是让学生站在文化的平台上了解到一个个汉字所蕴藏的丰富内涵。长此以往，不仅会让学生汉字学习的过程变得开阔、深邃、美丽而富于诗意，还会让他们心游万仞、思接千里。

（二）用心参悟，让学生感悟汉字内蕴的人生哲理。曾经在一份资料上看到这样一则消息：有一位南斯拉夫学生发现了"钱"与"情"字的奥秘。他说："中国人感情多么丰富，光和'心'有关的字，就200多个。其中的字拆开看，特有意思！比如'憔悴'就是心'焦'了，心'快死'了；比如'慎'，心里认真一点，就谨慎了，心里一解放，不认真了，就变成松懈的'懈'了；再比如憧憬的'憧'，童心就充满希望，老了希望就少了。关于'钱'的门道就更多了，'钱'字拆开看，是'金'和'戋'的组合。'戋'，字典解释：少，细微。从字义上看，'钱'，就是少量的金属，'钱'属于金属世界，冷冰冰，硬邦邦！情属于心的世界，又热又软。'钱'是无生命的，'情'是有生命的。"他又解释："世界的精彩也在这里，'钱'和'情'虽然处于两极世界，可是，这两个字在监狱里却变成一个世界。监狱的犯人大多因为这两个字，而走到了一个共同的空间。有生命的人创造了无生命的东西，又主宰了有生命的人。这是人的可悲！"他连呼："中国字，太棒了！太——棒——了！"

的确，中国的汉字象形会意，暗藏玄机，真所谓"一笔一故事，一字一世界"。

偶然的一次机会，还从网上看到一则"有趣的汉字对话"：

"人"对"众"说：被人抬着的，当心摔着。

"众"对"人"说：我高大，是因为我站在别人的肩上。

"重"对"里"说：没有行千里之志，你就在家里待着吧！

"川"对"三"说：在哪里跌倒，就在哪里爬起来。

"龙"对"袭"说：一个人的价值在于他的才华，而不在于他的衣饰。

……　……

从文字的训诂学角度来看，这种对汉字调侃式的解读，肯定是没有根据的不经之谈。但是，会心一笑之后，也同样感受到汉字带给我们的心灵触动和智慧启迪。它启示我们，要充分挖掘汉字背后丰富的知识和故事，采用多种方法和形式营造生动、活泼的开放课堂，进行灵动、生动、厚实的小学语文识字教学。

　　长此以往地渗透汉字文化的情感和精华，几年以后，这些孩子对汉字的认识就绝对不会单单停留在识字的层面，其深厚的意蕴就会潜移默化地渗入孩子幼小的心灵，吸引着他们去亲近、玩味、运用祖国的语言文字。

二、语用理念下的识字教学应放眼学生语文综合素养的提升

　　识字写字是低年级语文教学的主要任务，但它并非本年段任务的全部。其中不容忽视的是这一阶段还要为听说读写等语文能力打下坚实的基础。如果说前者是显性目标，那么后者则是内隐目标。在语文课程语用理念成为大家共识的今天，识字教学更应放眼学生语文综合素养的提升，兼顾其他能力的培养。

　　从一年级下册开始，人教版教材中识字的编排主要有三种形式：一是随课文识字，二是在语文园地中识字，三是编排了单独的识字课。其中单独的识字课编排得新颖独特，很有意思。首先，呈现在课本中的位置别出心裁，八篇单独的识字课分别设置在八个主题单元的最前面，用识字统领一个主题；其次，识字课的形式翻陈出新，分别运用了对对子、三字经、谚语、儿歌、词组串、谜语等形式，使古老的语言形式焕发出新的活力。再次，识字课的内容意蕴深远，一组词就是一幅图，一句话就是一首诗。"春回大地、万物苏醒、柳绿花红、莺歌燕舞……""一花独放不是春，百花齐放春满园……""云对雾，雪对霜，和风对细雨，朝霞对夕阳……""古月胡，口天吴，弓长张，立早章。双口吕，双木林，三横王，草头黄……"面对这样的内容，我们怎忍心只是进行简单的识字训练呢？在让学生认识生字的过程中，实在有太多的东西可以让学生感受，有太多的空间可以让学生发挥。我们可以让孩子在朗读、积累、运用的过程中去感受、体验这些古老的语言形式蕴含了多少中国人的智慧和特有的思维方式。尽

管我们不确定孩子能读懂多少，但却坚信孩子能通过吟诵获得春雨般的滋润，长此以往，这些古老的语言形式一定能在孩子纯净的心灵中奠基。

实际上，这种新的富含张力和活力的识字编排方式，正是预示着这种识字教学的新趋势。

（一）在诵读中识字，在识字中培养朗读能力。"蜻蜓半空展翅飞，蝴蝶花间捉迷藏。蚯蚓土里造宫殿，蚂蚁土上运食粮。蝌蚪池中游得欢，蜘蛛房前结网忙。""云对雾，雪对霜，和风对细雨，朝霞对夕阳……"人教版教材识字课中的对对子、三字经、谚语、儿歌、词组串、谜语等，生动形象，朗朗上口，具有很强的"可读性"，因而，在感知认读阶段，我们要引导学生在反复朗读的过程中识字，在识字中培养学生的朗读能力。这一环节一般分以下几个步骤：

借助拼音自由读（识字课课文），读准每个字的字音（有时可以老师范读学生看文听读。为强化学生对生字的有意识记，读准每一个生字，在识记的初始环节，可以让学生指读）。

画出生字词并反复读。

再读（识字课课文），不仅读准字音，还要读通句子。

同桌互读（生字词及识字课课文）互助。

指名读（生字词及识字课课文），相机正音。

多种形式（齐读、指名读、开火车读、轮读、赛读等）读生字词。

多种方式（拍手读、引读、对读、唱读等）朗读识字课课文，老师相机指导读出相应的停顿、重音、语速、语气，直至熟读成诵。

在这一过程中，学生通过自由读，同桌的互读，指名正音的读，理解、指导的练读，不断进行语言实践，不仅在愉快的朗读中不知不觉地认识了生字，而且还提高了朗读能力。

（二）识字、阅读和语言积累三管齐下，识用结合。国家语言文字应用研究所原副所长佟乐泉先生指出：儿童的言语发展是综合能力的发展，并不是某个阶段只发展识字能力，而另一个阶段只发展阅读能力。实际上，识字与书面语言的学习具有互相促进的规律。识字的目的是为了学习书面语言，而真正意义上的书面语言的学习不是从识字而是从阅读开始的，那些规范、优美的书面语材料是儿童获取书面语言营养的最重要的源泉。大量的阅读，又给汉字的复现提供大量机会，可以促进记忆的保持，减少遗忘。

因此，在识字教学中，我们不但要把所教内容放入一定的语言环境中去，把字词句教学有机结合起来，而且在反馈巩固阶段，还要及时为学生创设练习和运用新知识的机会，以期熟能生巧。或鼓励学生从身边的环境中、从书报上找到含有刚认识的生字的词语、句子、短文去读，或指导学生用字组词，用词说话、写话等。这些做法可提供学生和字词反复见面的机会，在发展语言能力的同时也发展识字能力，不仅在语言环境中及时巩固认字，而且也是学生触摸汉字、感受语文的绝好机会，通过这样的方式所认识的汉字，学生会感到更亲切，更有生命力！

案例4：《难忘的泼水节》教学片段

1. 学生初读课文后，教师分自然段检查学生读书情况。

2. 一位学生读第4自然段时表现得有些困难，教师组织了以下教学活动：

师（出示词语卡片：对襟白褂）：这个词很难读，谁来教大家读？

（一学生领读）

师（出示插图）：周总理穿的衣服就是——

（学生齐声说：对襟白褂）

师：再来看看总理穿的裤子、扎的头巾。

生1：总理穿的裤子是咖啡色的。

（师出示词语，学生齐读：咖啡色长裤。）

生2：总理扎的头巾是水红色的。

（师出示词语，学生齐读：水红色头巾。）

师：这些词语会读了，句子读起来就容易了。自己试试。

（再请学生读，果然就把这句话读得很流利了。）

此教学片段进行了"襟""褂""咖""啡"四个生字的教学，但又不仅仅是生字教学，还包含了词语教学、朗读教学，又积累了一组描写人物穿着的词组，同时培养了学生认识事物、观察事物的能力。这样的识字教学，目标是多维的，使孩子们识字、阅读理解、语言积累表达等都在一种轻松愉快的情境中进行。

　　语用理念为识字教学提出了更高的要求和新的研究空间。在识字教学中，适当渗透汉字文化，放眼学生语文整体素养的提升，必将实现识字教学的增值增效。

磨课：从常态出发

《现代汉语词典》对"磨"的释义有六种：用磨料磨物体使光滑、锋利或达到其他目的，摩擦，折磨，纠缠，消灭、磨灭，消耗时间。很显然，磨课中的"磨"应取第一种释义。用磨课来比喻对某课教学进行反复、深入的研究与实践，既准确又形象地概括出了这一研讨活动的目的性、长期性、艰巨性、复杂性、反复性和艺术性。

几乎所有经历过磨课的教师都会用"痛并快乐"来形容那段记忆深刻的感受：既有江郎才尽时的失望懊悔，也有临阵磨枪后的得意满盈；既有取舍决断时的左右为难，也有当机立断后的酣畅淋漓；既有山重水复疑无路的无限迷茫，也有柳暗花明又一村的不尽惊喜……正如特级教师王崧舟所言：砂石磨出了她的清澈，沟壑磨出了她的激越，堤坝磨出了她的汹涌，峡谷磨出了她的奔腾。每一次磨课都是一次破茧成蝶的嬗变，每一次磨课都是一次凤凰涅槃的重生。

的确，磨课是教师专业化成长的练功场。磨课促使教师从普通走向优秀，从优秀走向卓越，从卓越走向专家。然而聚焦磨课，我们不难发现，这一过程仍然带有诸多的功利和浮躁，往往是为"比赛"而"磨"，为"公开"而"磨"，面向的是个别"优秀典型"，而非全体"一般教师"。

课堂教学有两种形式：一种是公开课，一种是常态课，二者相互补充，不可或缺。因为一所学校，仅凭几位教师的几节公开课、优质课是支撑不起学校的教学质量的，作为教师日常活动的常态课，才是学校教学质量的前提和保证；对教师而言，几节成功的公开课，也并非其教学水平的真实反映，相反，能扎扎实实地上好每一节常态课，才是其内涵的充分体现。更何况，直接影响学生学习质量的也是日复一日的常态课。作为影响教师专业生活主要方式的磨课要从常态出发，公开、常态两相宜，个别、一般都兼顾。

一、让磨课成为学校常态的校本教研活动

磨课，既然是教师专业成长提升的一种比较有效的方式，我们就不能只让其作为一种形式，仅仅为某些赛课、某些老师服务，而要尽可能地扩展它的作用，尽可能地传递其正能量，让其成为学校常态的教研活动，让更多普通的老师由此走向优秀、卓越乃至专家。

（一）磨课是一种真实的、深入的、有效的学习、研究、实践活动。磨课，就是对某节课认认真真、仔仔细细、反反复复地推敲、打磨，促使执教者和参与者围绕这节课不断切磋、研讨、设计、实践、反思、修改、总结，目的是由"磨"而"合"——教与学的融合，理念与实践的融合，让执教者和参与者对课堂教学有更深层次的把握，让所"磨"的课更能集中反映教育教学的规律和教育改革的方向。在这一过程中，执教者和参与者要围绕教学过程进行相互的争辩和碰撞，经历一个深层次的教育思考过程。他们不仅要考虑教学内容的选择、教学手段的运用、教学方法的优化和教学评价的变革，更要考虑这样处理的理论依据。在一次次"磨"的过程中，执教者和参与者对新理念的把握更准确，对教材的研读更深入，对学情的了解更透彻，其点拨引导能力、临场应变能力、教学创新能力也随之提升，教学实践不断丰富，教学智慧得以发展。毫无疑问，磨课的过程就是参与

者、执教者合作交流、反思和创新的过程，更是一个专业素养提升的过程。从这个意义上讲，磨课就是一种真实的、深入的、有效的学习、研究、实践活动。

（二）磨课能营造一种自由民主、和谐融洽、平等对话的研究氛围。磨课因为有其共同的、单一的目标和愿望——把这节课打造成精品，而且一般都是在非正式、小范围的场合进行的，没有太多的顾忌和约束，大家交谈、发言相对自由，基本上都是各抒己见，对某一有争议的话题，还可以自由辩论，甚至会出现"道不同，不相为谋"的尴尬局面（激烈场面）。在这种"百家争鸣""知无不言、言无不尽"的研讨氛围中，每一位参与者都能以最放松的心理、最自然的心态来袒露自己最真实的想法。在这一过程中，人人都充分参与，人人都深入思考，人人都敢于把自己对课堂教学的独特感受、体会与发现表达出来，从而实现最大限度的对话与交流，这正是校本教研所追求的最高境界。

（三）磨课为建构和催生新的教学思想，发现教学规律提供了可能。磨课的过程是执教者和参与者自由交流、辩论与对话的过程。在这一过程中，他们不仅要思考教学目标的确立、教学内容的选择，还要考虑教学方法的优化、教学评价的创新。每个参与者陈述自己的理解和认识时，往往不是简单地要对某一教学环节、存在问题等加以肯定或否定，同时还可能从理论视角或从实践层面表明自己的思考依据。随着讨论的不断深入和扩展，常常会形成对某一专题的系统论述。比如，"低年级教学要把握好每个环节的识字机会""写字指导要把'范字'当例子，做到指导一个，带动一类""根据提示语体会人物心理读好对话、要根据文体特点展开教学"等教学思考和主张，都是在《荷叶圆圆》《称赞》《凡卡》等的磨课过程中相互启发、补充发现和总结出来的。虽然"磨"的是一节节具体的课，但收获的是共性的教学规律。正如磨课者所言："隐性的影响来得更珍贵，那是一种思维碰撞后的顿悟、理念偏离后的矫正，这个过程，其实就是一种交流和对话的过程，是一种逐渐逼近教学本真的过程。"这正是校本教研要达到的真正的、最终的目的。

二、让"主题·反思·共享"式磨课成为磨课的常态形式

磨课具有强大的研究"魔力"。如何让磨课发挥这种研究魔力？这几年，我们学校一直把磨课作为提高教师队伍建设、加强课程建设的重要抓手，坚持进行"主题·反思·共享"式的磨课。

（一）"主题·反思·共享"式磨课的内涵和主要特点。"主题·反思·共享"式磨课是指磨课要围绕一定的主题进行，强化反思和共享，力争两个实现：通过磨一节而磨透一类，不断发现教育教学的一般规律；通过磨课，不断积累优秀课例，让所有同学科教师都能根据优秀课例"照猫画虎"，共享磨课的成果经验，从而促进整个学科教学的高质量"操作"。

"主题·反思·共享"式磨课设计的最大特点是主题、反思、共享、磨课四者之间的有机结合。其中，磨课为载体，反思为目标，共享为目的，主题统领磨课全过程，让每一位参与者都体验"磨课—反思—共享—提升"这一循环往复、螺旋上升的过程。

期望通过这种磨课方式，让优秀教师的经验在更大程度上显形、积淀和传播，让成熟的教育智慧集体共享。不仅让一部分年轻教师通过模仿或参考这些较为成熟的教学案例，习得众多名师的教学经验，快速提升自己的专业水平，同时，也让那些有经验的老师站在这些成熟的教学案例基础上进行更深层次的研究，不断改进、不断丰富设计，实现站在巨人肩膀上的磨课，从而使校本教研实现真正的螺旋式上升。

（二）"主题·反思·共享"式磨课的基本流程和具体操作。首先确定主题课题，制订计划进度。每个学期初，学校要求每个教研组（备课组）都要根据课标对年段的要求，以及课堂教学中现存的问题和困惑，选定1—2个带有共性的、具体可操作的问题作为要"磨"的主题。并选定每个主题借以研磨的课例，数量按每个教师1—2篇确定。

　　磨课的主题和课例确定下来之后，教研组长首先组织全组老师根据自己的教学特点和喜好选定1—2课为自己的主磨课，之后教研组长据此制订磨课的计划和进度。确保每周至少要有一次不少于一个小时的集中研课，一次由主磨人执教的试教，一次不少于一个小时的集中评课。

　　备课试教评议，反复研磨锤炼。首先，组内所有教师都要针对要磨的课例进行深入的文本细读，并编制教学方案。这样，在说课的过程中才能产生思维的碰撞，在讨论方法取舍或生成新方法的时候，才能说明取舍的理由或生成的新方法的优势，从而引发更多更深刻的反思。其次，主磨教师组内说课、集体讨论修改教学方案。最后，主磨教师提前进度反复试教，教研（备课）组长组织观课、议课，直到形成较为满意的教学方案和教学效果。

　　形成终结教案，共享磨课成果。主磨教师根据最终磨课结果整理磨课资料，包括文本解读、教学设计（课堂实录）、教学课件以及相关资料，用以组内其他教师上课参考、使用，并于学期末上交学校教科室，作为学校的教学研究资源，供下一轮教师参考，再研讨、再提升。

　　及时反思总结，促进内化提升。关于教师的成长，美国心理学家波斯纳曾提出：经验+反思＝成长，我国古代就素有"三耕"之说——"目耕"（读书）、"舌耕"（教书）、"笔耕"（写作）。从中，我们可以得出一个重要结论：个人反思是教师成长和发展的重要基础和核心因素。作为教师，如果只是读书、教书，不写作、不反思、不梳理自己的成败得失，就不可能提升自己的教学理念和教学技能。反思不仅是一种方法或态度，还是一种文化，是在借鉴新的理念、认识基础上的创新努力；反思不仅是一种活动，还是一种人格提升、生命卓越的追求，是在自我体悟、判断、认同的基础上达成自我认识、自我超越和自我发展。

　　在磨课的过程中，如果仅仅借助于外在的力量，人云亦云，没有通过自己的内化思考，那么即便他有三十年的磨课经验也是简单的重复，永远只能停留在"教书匠"的层面上。因此，我们要求，每次磨课结束后，组内每个老师又要及时进行总结反思，以此督促教师将磨课过程中的认识、收获及时内化提升，形成超越磨课本身的教学思考和主张。长此以往，教师就会养成思考的习惯，这是教师成长必不可少的一种素质。

三、磨课成为教师常态的教学行为

好的课堂不仅能让教师产生愉悦感、幸福感，也能让学生产生愉悦感和幸福感。作为教师，我们都有这样的切身感受：如果某一天的某一节课没上好，自己心里就会觉得堵得慌；如果某一天课上得得心应手，自己就会默默地回味一整天甚至几天……

作为教师，我们的主要时间和主要活动空间在课堂，上课就像我们居家过日子，用心经营自己的课堂，就等于经营自己的生活。经营好了，每一堂课都会成为自己生活旅途中的幸福驿站，每天的生活才会有那种有滋有味的幸福。从这种意义上来讲，教师的职业价值主要体现在课堂上，课堂教学的质量决定着我们的生活质量。教师只有把课上好，才能享受到那种做教师的幸福感。

"主题·反思·共享"式磨课，磨出了教师创新思维的火花，磨出了教师合作交流的默契，磨出了教师把握教材的深度，磨出了教师提升教材的高度。不仅促使教师们"跳到教学理论的高度思考课堂教学，跳到课堂教学艺术的高度思考课堂教学，跳到生命历程的高度思考课堂教学"，也促使教师们以研究者的态度对待课堂、研究课堂、反思课堂、成就课堂、成就自己，更促使教师们以成功者的角色享受课堂、享受教育、享受生活、修炼生命。

"主题·反思·共享"式磨课，逐渐形成了学校务实、民主、自由与和谐的教研氛围。这种温润的教研氛围，如春风化雨般慢慢潜入教师的内心深处，显露于教师的言行举止，悄悄地改变着教师的教研行为和价值取向，合作、反思、共享已成为每一位教师的职业习惯，磨课已成为教师们的常态教学行动，每位教师都因有了自己比较满意的课而有了成功的愉悦感、职业的幸福感，更多优秀的经验转化为更多教师的教学行动，资源共享的学科教学的高质量操作正逐步实现。教学上的得心应手，工作的日益轻松，让教师们的幸福感正在悄然滋长。一部分教师正借此从普通走向优秀，从优秀走向卓越，从卓越走向专家。

中小学新概念快速作文在小学教学中的应用

多读多写是我国写作教学传统经验的精髓。多年来，我们也一直按照这一规律要求学生多读多写。可事实上，目前小学阶段的习作教学仍存在着高耗低效的现象，老师对这项综合性的教学活动无从下手，学生对这项综合性训练缺乏兴趣，甚至谈之色变。虽然原因是多方面的，但是最主要的原因是缺乏读写的计划性、目的性和指导性。阅读课上无休止的分析和练习挤去了学生大量的练笔时间。课余时间无目的、无指导的阅读、摘记、日记练笔使得学生在习作训练时派不上用场，对于积累的语言材料，学生要么不知学以致用，要么拿来不知所用，习作课上仍然是无话可说，无话可写。

我们曾对三年级和五年级的学生习作情况进行过一次摸底调查，结果发现，在 40 分钟内，三年级学生中，只有 12% 的能达到 300 字以上，23% 的能达到 250—300 字，而 53% 的在 200—250 字，13% 的在 200 字以下。

在 40 分钟内，五年级学生中只有 13% 的能达到 300 字以上，24% 的能达到 250—300 字，而 51% 的在 200—250 字，12% 的在 300 字以下。

为了从根本上改变这种现状，我们以新概念快速作文"厚积薄发、境成意生、意到笔随、快馈高效"的基本原理为指导思想，尝试了一种小学

"六环节快速作文教学模式"。具体做法如下：

一、教师预告习作要求

　　布鲁姆认为：有效的教学始于知道希望达到的目标是什么。可见目标是决定整个习作教学过程的指南针，对教与学有着明确的导向作用。根据课程标准的要求"中高年级课内习作每学年16次左右"，要培养学生养成"留心观察周围事物，勤于思考和乐于动笔的习惯"和让学生"学习浏览，能根据需要收集有关材料的方法"等。我们在两周前向学生预告下次习作的内容，让学生明白下次习作训练的要求。这就等于让学生有了明确的目标，学生就可以朝着习作目标做充分的准备。他们可以在阅读课上有目的地学习作者的有关表达方法，仔细体会作者遣词造句的技巧，在课外有目的地观察事物和阅读课外书。学生真正体会到读书不仅仅是为了开阔视野，最根本的是能够学以致用，提高自己的习作水平，为学生积极主动地阅读课内外读物，留心观察周围的事物启动了内驱力。比如何风彩老师在鲁教版三年级上册第一单元"我的课余生活"习作指导时，在学习第一单元开始时就告诉学生：本单元的习作内容是"写自己的课余生活"。本单元所选的课文中，除第一篇《我们的民族小学》写的是小作者的学校学习生活外，其他三篇《金色的草地》《爬天都峰》《绝招》均为描写小作者丰富多彩的课余生活的。这些课文所选题材很贴近大家富有情趣的生活，而且语言生动活泼，是非常好的写作范例，希望大家一定要注意学习和借鉴。

二、引导学生收集材料

　　有人说："习作是一门情意性学科，要写好作文，习作者的情感和态度的作用是相当重要的，感情投入了，即使文笔差的学生也能写出比较像样的文章……"而我们认为，加强师生情感之间的交流固然十分重要，但是"巧妇难为无米之炊"也是一个实实在在的问题。为了把表达和情感完美地结合起来，我们在预告习作要求后的一周内适时指导学生从两方面收集材料。

（一）指导学生留心观察，收集身边的有关素材，使学生获得感性材料。如果观察一处景物，既要对花草树木、亭台楼阁等一类一类地去观察，又要对全景有一个总印象。从不同的方位去看，就能得出不同的结果。年级不同，指导观察的方法也不同。低中年级要留心观察有什么景物，是怎样的景物；高年级要注意观察景物的特点，并由此想到了什么。

比如何凤彩老师在鲁教版三年级上册第一单元"我的课余生活"习作指导时，就给学生布置了相应的生活作业：周末或放学后，可以帮爸爸妈妈做一项家务劳动，有条件或有兴趣的同学还可以和爸爸去河里钓钓鱼、跟妈妈去郊外放放风筝、跟爷爷姥爷下下象棋、跟奶奶姥姥做做手工、跟同学朋友踢踢足球……有意识地让学生积累课余生活的素材。

（二）指导学生收集有关的语言材料。一个十来岁儿童的时间和精力都是有限的，如果老师不作指导，只让他们一味地在当前好书的大海洋里漫游，虽然开阔了视野，但他们到了习作训练时很少用得上，当他们发现自己费了一些功夫所积累的材料在近期没有派上用场，对自己的习作无帮助时，就会降低读书的兴趣，视阅读、写读书笔记和写日记为一种负担。所以，我们要有目的地指导学生收集有关的语言材料，使他们积累的材料在习作时能派上用场。针对习作要求向学生推荐一首古诗，推荐一个精彩片段、一个成语、一个歇后语或一篇文质兼美的文章，再让学生读一读，背一背，想一想如何用它来描绘自己观察到的事物。低中年级以推荐妙词佳句、精彩片段和成语（歇后语）格言为主；高年级以推荐精彩片段和优秀作文为主。比如，鲁教版四年级下册第二单元第七课《落花生》课后安排了一个小练笔：作者由落花生领悟到了做人的道理，你从身边的事物中领悟到了什么？试着选择一种事物写一写。本次习作的重点是运用恰当的方法进行阐述并由物及人揭示做人的道理。

　　李玉萍老师考虑到本次习作对于认识水平还相当有限的小学生来说，是有很大难度的：

难点之一：如何选择与人的品格有相似之处的事物的特点。

难点之二：确定事物特点之后，运用什么方法把事物特点写具体。

难点之三：怎样由物及人自然过渡揭示做人的道理。

　　同时又考虑到：让学生掌握借物喻人的写法，特别是让学生写好借物喻人的文章，光靠写作理论空头说教不行，只靠《落花生》一例也不行。因此，她就又选了几篇"借物喻人"的例文，让学生从较多的感性材料即案例中去感受能更好地体悟借物喻人的写法。

　　所选优秀例文如下：

粉笔

　　黑板前的讲台桌上，零零碎碎地摆放着许多粉笔。这些粉笔几乎都快要走到生命的尽头，甚至有些小得不值一提。丁零零，上课的铃声响了，同学们飞快地跑到座位上，挺直腰板，等待着老师的到来。老师迈着大步走进来，将文件放到桌子上，开始了这节课的内容。老师拿起了一支刚好能拿住的粉笔，转身在黑板上为我们写着。沙沙沙，沙沙沙，粉笔化作粒粒白色的颗粒状物体，在黑板上留下了自己的痕迹后，一点点消失了。当这一支小小的粉笔为我们写出最后一个字，为我们传授最后一个知识，完成它最后一个任务后，便消失了。从这一支小小的粉笔体现出了多么伟大的品质呀。那就是——奉献。

　　奉献是一种无私的美，它无声无息，但它就在我们的身边。哪儿有汽车的笛鸣，哪儿就有警察的身影，不管风霜雨雪，不管严寒酷暑，他都在坚守岗位，吸进的是汽车的尾气，听见的是喇叭的噪声，嗅到的是尾气的异味，而换来的却是交通的快捷通畅。这难道不也是一种奉献吗？

　　粉笔呀，你的美是无私的、伟大的美，奉献自己，助于他人。泰戈尔说过："果实的事业是尊贵的，花的事业是甜美的，但还是让我在默默奉献的阴影里做叶的事业吧。"这是对你的赞颂，你是多么的伟大，我赞颂你，粉笔！我也赞颂具有粉笔精神的人——交通警察！

这样，在潜移默化中让学生掌握了借物喻人这类文体的写作方法，树立了关于"借物喻人"一类文体的观念。学生写来，方向就不会大错。

在阅读课上，我们有针对性地训练句式、段式及布局谋篇，加强小练笔训练。低年级以句式训练为主，中年级以段式训练为主，高年级则以篇章训练为主。另外，鼓励学生适当地以日记形式进行此次习作的练习。

比如何风彩老师在教学鲁教版三年级上册第一单元时，考虑到园地1的习作要求是"写写自己的课余生活"。根据以往的经验，学生写此类作文，不容易跑题，选材没有问题，但是往往对事情的叙述没有细节，内容空洞，缺少情思。所以，何老师在学习这几篇课文时，特别注意引导学生学习其中的细节描写。

在学习《绝招》第2自然段时，何老师引导学生首先找出其中的"动作细节"：

> 结果一个个先后都憋了气，唯独他，鼓着腮帮子，瞪着眼珠子，憋的时间比别人长两倍。伙伴们都竖起大拇指，连声夸道："绝招！绝招！"
>
> ……　……
>
> 他俩表演完，都把目光投向瘦小的小柱子。小柱子的鼻尖出了汗。他想了一会儿，站起身，面向大树，两只胳臂往地上一撑，脚掌靠树来了个倒立，不料，二福立刻还他个不靠树的倒立。

然后阅读、批画，想象小伙伴使出浑身解数比试绝招的劲头，从中体会正是因为有了以上动作细节，事情叙述得才具体、生动，小伙伴互不服输的心理表现得惟妙惟肖。

仅仅让学生认识到这一点还不够，何老师又列举了几个学生作文中空洞、无细节的例子，让学生进行比较，如：有些同学写小伙伴在一起游戏时，总是写我们玩儿啊玩儿啊，玩得可高兴啦，最后依依不舍地回家了；写自己在家里擦桌子，总是"擦呀擦呀，擦得满头大汗，最后终于把桌子擦干净了"；写拖地，总是写"拖呀拖呀，累得我满头大汗，终于把地拖得干干净净"；写摘苹果，也是"我摘呀摘呀，我累得腰都酸了，终于摘了满满一大筐"……

两相对比，学生对叙述事情时的动作细节有了一定的认识。因为小学生对事物的感知是较为粗略、很不精细的，对文字的驾驭能力也较弱，所以，作文指导如果仅仅到此，远远不够，还需要对学生进行具体的观察指导。接下来，何老师就选择了"擦皮鞋"这个场景让学生现场观察并进行指导，当堂进行小练笔。接下来，便放开手让学生去写他们各自的课余生活，要求选取一个点，写出动作细节，把事情叙述清楚，表达出情思。由于训练目的明确，教师指导到位，此次习作80%的学生写得内容充实，细节描写生动具体。

三、指导学生交流评赏

在习作教学中，指导学生正确地选择材料和组织材料并不难，难的是学生不会运用积累的材料恰当地写自己所观察的事物。他们或者张冠李戴，或者生搬硬套，真有那种舍了亲娘攀后妈的滋味。为了避免这一现象，我们在一周以后，也就是学生已经收集了一些材料以后，指导学生在习作课的前40分钟对收集到的语言材料或在日记中进行的尝试练笔进行交流评赏，让他们通过议论别人文章里的好词佳句、优美片段和文质兼美的文章以及同龄儿童的优秀习作，进一步认识那些材料的作用，使其写起文章来得心应手，游刃有余，为学生课下独立习作奠定了基础。

学生作文水平的发展是有差异的。以往的讲评交流主角往往是优等生，中下等学生很难有表现自我的机会。实际上，每个学生都有被人欣赏、被人肯定的愿望和主动发展的潜能。如果为他们提供这样一个平台，并加以适当引导、开掘，他们的潜能就会像空气一样，放在多大的空间，它就会有多大。因此，在"交流评赏"阶段，我们采取异质小组合作形式（每个小组好中差各个层面的学生都有），不仅要求优等学生参与交流评赏，重点是让基础一般的学生也拿出自己符合此次展示交流要求的好词佳句、优美片段、文质兼美的文章、同龄儿童的优秀习作甚至自己符合这次习作要求的日记相互评改，让基础比较好的学生给这些学生提出一些合理化的建议。在此阶段，老师的主要关注对象是基础一般的学生，参与他们的讨论，并提出自己的看法，帮助他们为下一阶段的全班交流展示做好充分的准备。

四、指导学生独立习作

学生在弄清习作要求的基础上，通过针对习作要求收集有关材料、通过日记适当进行练习、针对习作要求和学习伙伴进行交流评赏以后，可以说学生已有了独立习作的能力，也有了跃跃欲试的心理。这时再让学生独立写文就会水到渠成。这就彻底避免了千篇一律、千人一面、缺乏个性和新意的现象，有效地突出了学生的主体地位，调动了学生习作的主动性。让学生运用自己积累的词汇描述自己留心观察的事物，可以说，底子差的学生也能照着葫芦画个瓢。所以，在此基础上，我们及时利用习作课的后40分钟让学生独立习作，当堂成文。

五、指导评赏习作

目前，翻开学生的作文，总能看到下列批语：甲、乙、丙……优、良、中……特优、特棒或者是空洞、不具体、无中心、没条理……一些简单乏味的批语。如果在发作文本时，再稍作观察就可发现，学生拿到作文本以后，有的高兴得眉开眼笑，高兴过后就把作文本束之高阁；有的看过作文本以后满脸沮丧，而后就将作文本藏之桌斗。却很少见到学生再次提笔修改自己的习作。这是因为老师的批语不够适度。老师批改学生的习作，既要以肯定优点为主，又要明确地指出不足。如果过多地肯定学生的优点，则会使学生看不到努力的方向，产生自满情绪；如果过多地否定学生的习作，则会使学生看不到成功的希望，对习作失去信心；如果批改过于精细，则会使学生找不到自己修改的空间，充其量是按老师改好的再抄一篇。这对提高学生的习作水平都是不利的，同时，老师的批改也失去了意义。

遵照课程标准的精神，批阅学生习作，首先要肯定成绩。批改可以采取多种形式、多种方法。要尊重学生的原意，肯定学生的点滴进步，讲求实效，逐步培养学生自改习作的能力。例如，写得好的习作，可批"写得好，请准备在班内宣读""写得很好，请写成稿件准备投稿"等一些让他们感到写好一篇作文非常有用的批语。如果学生的习作还存在一些问题，可在有问题处画一横线，在横线旁边再打一个问号，再在眉批上明确地提出疑问，而后在总批上先写鼓励学生主动修改的话。这样，发下作文后则会出现另一番景象：不是津津有味地读，就是认真细致地抄，或者积极主动地改。这样通过老师的批阅与评赏，每个层次的学生在习作能力上又得到了进一步提高，为他们平时写日记和快速成文又打下了基础。

在学生独立成文到下一周的习作课中间还有一周的时间。应该说，这一周的时间留给老师翻阅、批改学生的习作是非常充裕的。这一周内老师对学生习作的评改基本上是按上述要求做的。

指导学生相互评改这一环节一般是在第二周习作课的前40分钟完成的。

课堂上，老师要首先选一篇有代表性的学生习作，通过一定的形式展示给学生，指导学生根据习作要求进行评赏或提建议。在此阶段，优等生可以充当"小老师"，对其他同学进行指点和帮助；中等生既可从优等生那里有所学，也能对后进生提供必要的"援助"；而后进生此时便成了师生倍加关注的"主角"。在民主、平等、和谐的氛围中，同学们既可得到大家的关爱、帮助和鼓励，又可展示自己些许的成功，哪怕是把自己独立创造出来的，或受到启发修改后的一句话、一个词甚至一个标点读给大家听，指给大家看，同样能得到大家的承认和肯定，从而不断受到鼓舞，增强信心。在学生互相评赏提建议时，教师的作用是及时点拨和鼓励，激发学生的思维，拓展学生的思路，在达成共性要求的同时，鼓励学生求新求异，力争写出高质量的作文。

六、精心修改，形成佳作

指导评赏学生习作40分钟后，再由本人根据别人的建议吸取别人的优点认真修改自己的习作，进而形成自己的佳作。之后，老师可留出几分钟时间预告下次习作的要求。至此，习作教学六步走的六步就顺利完成。

当天晚上，程度一般的学生可以在日记本上抄写经过自己的努力和大家的帮助已经修改好的"作文"，程度较好的学生可以进行新的练笔。这样，每个层面的学生在习作能力上都得到了不同程度的提高。

以上六步，一般都在两周以内完成。具体操作如下：

（一）两周前预告习作要求。

（二）之后的一周内引导学生积累语言、方法，并适当通过日记的方式尝试练习。

（三）第一周习作课上的前40分钟交流评赏收集到的语言材料以及在日记中的尝试练习。

（四）第一周习作课上的后40分钟独立习作，当堂成文。之后的一周内还可以就此次习作进行相应的积累和日记练笔。

（五）第二周习作课上的前40分钟交流评改上周的独立习作。

（六）第二周习作课上的后40分钟在交流评改基础上进一步完善自己的习作，形成此次要求的最佳作品。最后几分钟预告下次习作要求。

在实践的过程中，我们强烈地感受到，这种习作教学流程不仅有较强的计划性、目的性和指导性，而且还有很强的操作性和实效性。目前，我们的学生不仅养成了天天读书、写日记的好习惯，而且习作水平有了明显提高，出现了一批作文尖子，中差生的作文也出现了转机，尤其是学生的写作速度较前有了大幅度提升。两年后，我们又对三年级和五年级学生的写作情况进行了一次调查了解，结果发现与两年前的调查结果相比：

三年级：40 分钟内完成 300 字以上的，已经由原来的 12%上升到 19%；完成 250—300 字的，已经由原来的 23%上升到 68%；完成 200—250 字的，已经由原来的 53%下降到 11%；已经基本杜绝 200 字以下的现象。也就是说，87%的学生都能在 40 分钟内写出 300 字的作文。

五年级：40 分钟内完成 400 字以上的，已经由原来的 13%上升到 20%；完成 350—400 字的，已经由原来的 24%上升到 71%；完成 300—250 字的，已经由原来的 51%下降到 0.07%；已经杜绝 200 字以下的现象。也就是说，已经有 91%的学生达到了课程标准 40 分钟写 400 字作文的要求。

我们坚信，长此训练，学生的写作水平一定会有更高更快的提高，他们也就能体会到"博观而约取，厚积而薄发"的真正含义。

小学语文综合性学习展示性评价模式的实践探索

2001年，国家教育部在《全日制义务教育语文课程标准（试用稿）》中，首次将语文综合性学习列入语文课程目标。语文综合性学习作为语文课程的一种崭新的课型正式进入教材，进入课堂。但是，教学实践的现状却令人担忧：大部分老师不明确语文综合性学习的价值、作用以及学习目标，更没有明确的方法和策略。因此，随课文安排的语文综合性学习内容，或干脆不上，或草草应付。以整个单元安排的语文综合性学习内容，或当作课文来上，或当作练习题来做，或把语文综合性学习上成综合实践活动，少了语文味儿。

一、小学语文综合性学习展示性评价模式的提出

没有评价或无从评价的教学内容是很难引起教师和学生关注的。要想改变综合性学习令人担忧的教学现状，学校必须从评价入手，建立"综合性学习"的评价体系，将综合性学习与识字、写字、阅读、口语交际、习作同等考查，纳入到学生语文综合评定和教师的教学业绩评价。

　　基于以上认识，我们依据语文综合性学习的本质特点，于 2008 年 10 月，提出了小学语文综合性学习展示性评价模式，正式把综合性学习纳入到学生语文综合评定和教师的教学业绩评价，权重为 15%。

　　所谓小学语文综合性学习展示性评价，是以学生的综合素养提升为目标，以综合性学习的过程与结果为评价范围，以学生在综合性学习过程中形成的书面的、非书面的全部成果为评价内容，以上述成果的充分展示为主要形式，由学校领导、教师、学生及家长参与的多元、客观、开放的评价模式。

二、小学语文综合性学习展示性评价的具体操作

　　（一）评价的形式和范围。小学语文综合性学习展示性评价由"过程资料静态展示"和"学习成果动态展示"两大部分组成。在实际操作中，以学期为周期，每班每学期展示一次，由参与观摩的学校中层以上领导、一定范围的师生和家长组成不同层面的评价小组进行多角度的评价。

　　（二）评价的内容和目标。"过程资料静态展示"的内容有制定活动方案和收集整理资料两部分。制定活动方案，可以增强活动的目的性和计划性，是开展和延续这一活动的前提和保障，也是培养学生规划和组织能力的重要过程，因此，对活动方案的评价至关重要。对活动方案的评价，既要关注从低年级到高年级是否充分发挥教师的指导作用和学生的主体作用，扶放结合，还要考虑主题内容是否明确适度，过程步骤是否具体清楚，方法模式是否科学可行。资料的收集和整理，如观察记录表、阅读摘抄、调查问卷、实践日记、采访笔记、调查报告、黑板报、手抄报等是学生综合性学习过程的具体记录和直观呈现，其丰富、规范的程度也是学生活动态度和效果的具体体现。

小学语文综合性学习"展示性评价"静态资料评价表

评价内容	评价目标及分值	得分
方案	主题内容明确适度，过程步骤具体清楚，方法模式科学可行，师生共同参与。（10分）	
资料收集整理	丰富、规范。（15分）	

"学习成果动态展示"的内容是各班级根据学期初制定的活动方案，自主设计不少于30分钟的动态学习成果展示。

按照语文综合性学习的课程特征，评价的项目设定从展示活动设计、展示过程、展示效果三个方面划分为活动主题、活动内容、活动形式、学生参与、合作交流、活动效果六个评价指标。"活动主题、活动内容"主要评价教师对活动主题把握的准确以及对内容设计有没有偏离"语文"这一本质要求；"活动形式"评价师生的创意及组织能力；"学生参与、合作交流"强调学生在堂上是否能积极主动地参与及交往的能力；最后一项指标主要是通过观察学生的表现评价教学目标的达成度。

小学语文综合性学习"展示性评价"动态成果展示

评价内容	评价目标及分值	得分
展示主题	根据学生学习和发展需要设定。（10分）	
展示内容	有明显的综合性，体现语文学科特点。（15分）	
展示形式	活而有序，重视实践，体现多种活动方式的综合。（10分）	
学生参与	全面、主动。（10分）	
合作交流	在过程中，有协作精神，小组合作交流在活动中发挥了重要的作用。（10分）	
展示效果	在语文素养和综合实践能力方面的进步明显。（20分）	

三、小学语文综合性学习展示性评价模式的实施效果

因为评价标准全面、具体、细致，给了学生和老师一个正确的导向，因此，这是一项综合评价，既评价老师的开发课程、整合课程、驾驭课程的能力，对学生兴趣、习惯、能力培养的努力程度，又评价学生收集、整理、归类、反思、合作、探究、提炼、总结等综合学习能力，是为全体学生健康成长、个性发展搭建的一个崭新舞台。

（一）促进了教师开发课程整合课程的能力。综合性学习的评价内容，要求教师从综合性学习的本质特征出发，多角度对教学进行研究，对新教材进行新的调整与发挥。也正是在此过程中，教师的知识结构得到优化，能力得到发展，对教育、教学尤其是开发课程整合课程的能力得到快速提升。

老师们活用文本资源，抓住单元导语，根据课文特点挖掘教材信息，开展语文综合性学习；把握课堂资源，在课堂拓展和课堂升华中开展语文综合性学习；整合学科资源，通过学科内的整合、学科间的融合，开展语文综合性学习。如一位老师在教学一年级下册第四单元时，就以第14课《荷叶圆圆》为中心，将课本13课的古诗《小池》、第15课《夏夜多美》与"同步阅读训练"中的《晓出净慈寺送林子方》《江南》整合教学。除此之外，又让学生阅读了《荷叶》《荷叶上的小水珠》《迷人的夏夜》等文笔优美的文章。同时，还鼓励学生在父母的帮助下，收集有关夏天的古诗文。

有的老师在学习《赤壁之战》《草船借箭》之后，引导学生开展"走进三国"活动，让学生读《三国演义》、讲"三国故事"、评析"三国人物"、收集和交流由"三国故事"演变而来的成语、歇后语等。

除此之外，老师们还积极引导学生充分挖掘社会资源，充分利用网络资源，从社会生活、自然现象中去发现问题，开展语文实践，进行探究性

学习。二年级一位老师引导学生围绕"小雨滴"开展综合性学习。动态展示内容丰富，形式活泼，既涵盖小雨滴的来历、雨水的基本相关知识，如能不能喝，收集到有关小雨滴的歌曲、小雨滴的童话、小雨滴的儿歌、美文片段，还涉及雨对于人类和大自然的作用，雨景的图片欣赏，等等。整个展示过程既体现了听说读写的语文基本功训练，又是一次自然常识教育，更是一次审美教育。

（二）促进了学生综合素养的提升。语文综合性学习作为一种多元动态的学习实践活动，尤其重视学生应用科学的认知方式和策略解决问题的过程，突出的是学生学习的主体地位，关注的是学生生命力的展现。开放的学习资源、自主的学习机会、平等的合作交流、成功后的永不满足、挫折中的自我调整、多元并存的价值取向，促使学生以积极的态度关注社会和人生，在这一过程中，学生的情感得以丰富，情操得以陶冶，意志得以锻炼，对培养健全人格起到了极大的促进作用。

在语文综合性学习过程中，学生作为学习实践活动的主体，自觉地确立学习探究的目标，主动地展开包括策划、组织、合作实施、交流评价等一系列活动，变被动地接受知识为主动地获取知识，变简单的死记硬背为灵活地运用与拓展，变学科封闭为面向书本内外开放性综合性语文学习实践，自主学习切实落到了实处。

语文综合性学习的着眼点不是学什么而是怎么学，不是学生探究什么，而是怎么探究。在综合性学习的过程中，学生通过语文实践活动，沟通自己同社会、同大自然的联系，沟通课堂内外、学校内外的联系，拓宽了视野。他们主动地从语文实践中发现和探索问题，积极地为解决问题去收集信息、整理资料、提出假设，并运用已有知识和能力去分析和解决问题，重新建构知识体系。学生在自主、合作、探究的过程中，创新意识不断增强，实践能力不断提升。

在综合学习过程中，学生根据不同阶段的需要，或大量阅读书报、收集整理资料，或研究讨论、调查采访，充分体现了语文学习与社会实践的结合，在为需而学而用中，听说读写水平得以全面提高。

思 · 成长

为提升生命价值而成长

前几天，读到一篇题为《发现自己的生长点》的文章。

在植物幼芽的顶端，都有一个半圆球形晶莹透亮的生长点，也叫生长锥。它由一团具有很强分化能力的细胞组成。春天，随着气温逐渐升高，生长点也随之从沉沉的冬眠中苏醒过来，脱去冬装，长出嫩芽。于是便迎来了生机勃勃的春天。

其实，作为教师，我们每个人都有自己的专业生长点，关键是我们如何找到自己的生长点，实现自我成长。自去年 5 月—9 月 69 位年轻老师加入以来，学校进行了一系列的专题培训，用心设计了一系列大大小小的活动，其目的也是想给大家的成长升升温，让大家的生长点也能从沉沉的冬眠中苏醒过来，长出嫩芽，直至长成一棵大树。

植物幼芽的生长是一种自然状态，但是，教师的专业成长，是教师在整个职业生涯中，通过专门训练和终身学习，逐步习得教育专业的知识与技能，并在教育专业实践中不断提高自身的从教素质，从而成为教育专业工作者的过程。也就是说，教师的专业成长受两方面的影响：一是外在的因素，即所接受的有计划、有组织的培训和教育，是培训教育者对教师的要求和期望；二是内在的因素，源自教师自我发展的愿望、需要。从这个意义上理解，教师的专业成长过程是在外在价值引导下的自主完善过程，二者缺一不可。按照唯物辩证法"内因第一，外因第二，外因必须通过内因而起作用"的理论，教师自我发展的愿望和需要是教师自我专业发展的内在动力。也就是说，要想实现专业成长，必须要有成长的意识和迫切愿望。

教师为什么要成长？我想，我们不必空喊一些貌似崇高、让人感动的政治口号，什么"为了祖国的教育事业"，为了"孩子们的美好未来"，等等。因为每个人的成长，不仅是一种职业要求，更应该是主动提升生命价值的基本状态。

任何人，从事任何一种职业，首先要把自己作为一个社会人，其次才是一个职业人。所以，教师的专业成长，首先是为了自己能更好地适应和胜任自己的工作，从而让自己拥有更充实、更有意义的生活，不断提升自己教育生活的价值感、幸福感。换一种说法，为了改善和提高自己的日常生活质量，我们需要不断提高自己的基本技能、生活情趣和整体修养；为了胜任和提升自己的教育教学工作，我们需要不断提高自己的专业素养、专业能力和专业精神。一句话，教师的专业成长归根结底，还是为了自己。

觉醒是成长之源，一个教师如果意识到发展归根到底是为了自己，成长归根到底是个人的事，教书育人就会变成一件快乐的事。否则，就会感觉这种"为了别人"的成长很亏，毕竟，有时候成长就是"流着泪、咬着牙，躲起来舔伤口"的"痛苦"过程。

所以，请拒绝把"成长"作为"任务"完成的"被动成长"！成长，是教师主动提升生命价值的基本状态，作为教师，要永远保持成长的姿态！

那么，教师的成长应该从哪里起步呢？也要像植物幼芽那样，有自己的生长点，而这个生长点，很大程度上是自己的兴趣点或擅长点。很多名师的成长也都是从一个小的生长点起步的。老一代的如最早提出"读写结合"理念的丁有宽，就是从读写结合教学起步的，在作文教学上取得不凡成绩的贾志敏老师是从素描作文起步的；年轻一代的如管建刚，最初是从作文手抄报开始的，到现在，已经创立了自己的作文训练系统，再比如在吟诵教学方面颇有建树的戴建荣，也是出于自己对吟诵的爱好大胆尝试吟诵教学的。

由此可见，一位教师的专业成长，不一定要面面俱到。只要选取适合自己的某个方面去挖掘，去耕耘，往往会取得意想不到的收获和成功，从而获得内心满足而自信满满、激情飞扬，进而聚焦于一点，去实现某个方面的突破，形成某个方面的专业优势，并从这个优势出发，形成由点成面的发展效果。

也说教师的阅读

过去，老师被尊称为教书先生。既然是教书先生，那就必先做个读书先生。

但是，目前出现了一种很奇怪的现象，教书的先生很少读书或基本不读书。原因，一个字：忙！

关于学生的阅读，有一种关键期理论：6—12岁，也就是小学阶段，是一个人阅读能力长足发展的关键期，如果在这个阶段不大量读书的话，不仅阅读能力得不到发展，智力也得不到很好的开发。为什么？因为小学课本的单一性和肤浅性是满足不了大脑成长的需要的。不进行大量的阅读，大脑的营养就跟不上，大脑的智慧就被饿死了。

孩子是这样，其实成年人也一样。我们要想有足够的教育教学智慧，就得不断读书，不断给大脑补充营养。

所以，闫学老师就主张越忙越要读书。她说，教师确实是一个特别忙的群体。但是，除了众所周知的工作压力大、社会各界对教师的要求越来越高，最主要的因素是缺乏足够的教育教学智慧，所以才导致了整天忙乱不堪、工作效率低、总是原地踏步走得非常糟糕的局面。

那么，教师的教育教学智慧从哪里来？一是实践，二是思考，三是学习。这里的"学习"，很重要的一点是指不断阅读，因为书是知识的载体，是智慧的结晶，是进步的阶梯。当你忙乱不堪、工作效率低下的时候，就说明，大脑需要增加营养了，这个时候，就需要通过读书来补充营养。

不知道大家有没有这样的经历，自己苦思冥想很长时间都找不到答案的问题，一读书，却发现早就有人把它解释得那么透彻，而且早就做出成效并有成果了。

关于读什么书，闫学老师认为：那些真正值得我们去读的书，往往是有一定的高度和深度的，读的时候，既像爬坡，也像探宝，需要我们花费相当大的力气，甚至费了相当大的力气才读懂了其中的一部分内容。即使这样，也一定要硬着头皮读下去，也许暂时会陷入山重水复疑无路的混沌境地，但只要坚持，往往就会柳暗花明又一村。

关于读书，闫学老师还有一个建议：阅读中产生的思想，要借助写作整理、记录下来。她认为，大量高品位的阅读必然引发有深度、有价值的思考。阅读时产生的思考，往往稍纵即逝，我们要想成为一个有思想的教师，就要及时地把这些思考整理并记录下来，记录的过程就是再思考、再提升的过程，就是梳理思想，认同自身，否定自身，完善自身，升华自身的过程。

作为教师，不仅要读成本的书，补充营养和能量，还要坚持读一些权威的教育教学杂志，因为这些杂志引领着教育教学最前沿的理念和方向，就像女人要经常逛逛服装商店，及时了解服装的流行趋势一样。这样，就能促使我们不断更新教育教学理念，始终占领教育教学的最前沿。

读书，是教师职业的需要，也是自我精神成长的需要。所以，让读书成为我们的自觉行为，让读书成为我们的生活习惯！

品质如水，无坚不摧

——读黄小平《做一个品质如水的人》有感

黄小平在一篇散文中写道：水有四大品质，如果做人能像水一样拥有这四大品质，就能成为一个优秀的人。

水的第一大品质是在自己运动的同时还能推动其他物体一起运动。它告诉我们：在自己进步的同时，还要像水一样推动同伴、朋友和他人一起进步。俗话说："一花独放不是春，百花齐放春满园。"如果每个人都能智慧共享，在自己进步的同时，也能用正能量影响周围的同事、朋友，那么，社会就会形成积极向上的风气！特别是作为一名教师，要时时注意以自己的人格魅力去感染学生。让学生爱阅读，自己首先是个爱读书之人；让学生爱清洁，老师也应以身作则，带头弯腰捡起一片纸屑；让学生书写美观，教师本人首先书写清秀……身教重于言传，以己之行，影响生之行。

持之以恒寻求自己的道路是水的第二大品质。任何事业都不会一帆风顺，更不会一蹴而就。要想到达理想的彼岸，在人生前进的道路上，我们要有水一样的韧性，持之以恒地去追寻、去探索、去开拓，直至抵达人生壮阔的大海。作为一名教师，虽然教无定法，但有法可循。学无止境，作为一名教师，就要教到老，持之以恒学到老，探索到老。不断把自己"归零"，就如开车，永远把自己当作新手上路。

遇到障碍的阻挡而更有气势是水的第三大品质。人生也会遇到坎坷和挫折等障碍，当遇到这些障碍时，我们要像水一样，不是胆怯和退缩，而是以更大的勇气、更足的信心、更高的热情去冲破它，去超越它。作为一名老师，教书育人的过程中遇到的学生形形色色，遇到的家长更是许许多多，遇到棘手的问题也是家常便饭。但我们一定要像水一样勇往直前。

洗净了自己，同时还能洗刷其他各种污浊是水的第四大品质。有了污浊时，水总能在平静中沉淀自己，洗净自己。当我们有了污点时，也要像水一样冷静地反思自己，让自己的心灵变得干净；当发现别人有了缺点和不足时，也要像水一样去帮助别人，帮别人洗刷缺点和不足，让别人变得"干净"起来。作为老师，在学生学习成长中遇到问题时，我们要像水一样多反思自己，找到突破口，正人先正己。

教师的智慧何处来

——《给初为人师的女儿20条贴心建议》读后感

新学期，学校提出了"争做智慧教师，培养智慧学生，创办智慧学校"的教育目标。我一直在思考，怎样才能成为一名智慧型教师？教师的智慧源自何处？寒假里，我拜读了于永正老师的《给初为人师的女儿20条贴心建议》一书，从于老师娓娓道来的行文中似乎找到了些许答案。

一、教育智慧源自教师未泯的童心

苏霍姆林斯基说："只有那些始终不忘记自己也曾经是一个孩子的人，才能成为真正的老师。"于老师之所以在教学中取得成功，原因之一是他始终不忘自己也曾是孩子，始终保持着孩子般的好奇心，能站在孩子的角度去看待孩子、理解孩子，对孩子多了一分宽容、添了一分呵护。于是，课堂上，于老师常常和考试成绩不好的孩子一起难过；对迟到的孩子有勇气进教室加以赞许；对上课偷看课外书的孩子不但睁一只眼闭一只眼，有时还刮目相看。于是，课间周末，于老师常常和孩子们一起到操场跳绳踢毽子，一起去郊外爬山搞野炊；在秋高气爽的金秋时节，和学生一起赏落叶咏菊花，和学生一起展开惊心动魄的"逮蚂蚱大战"。于是，闲暇之时，于老师常常带学生去农村，白天在田间体验劳动，晚上在田野里捉迷藏，带孩子们到军营里爬坦克、摸大炮，带孩子们到清波荡漾的湖水里打水仗、赛划船……正因为于老师拥有了一颗童心，所以，他才能走近孩子，理解孩子，体谅孩子，正因为于老师拥有一颗童心，才能想孩子之所想，和孩子打成一片，一起玩出了品位和文化，玩出了能力和智慧；正因为于老师拥有童心，才能在教育的过程中保持孩子般的好奇和探索精神，用一个个精彩活动留给孩子们一颗颗璀璨的珍珠。当他们长大后，岁月的丝线把这些珍珠穿起来，就成为人生珍贵的项链，回味起来，如数家珍。

　　童年不能没有快乐，正如花儿不能没有阳光。而少年儿童心中的快乐，往往就是一次野炊、一次爬山、一次垂钓、一次参观……有快乐相伴的成长，才是健康的。老师们，让我们的心和孩子们一起飞，教育的智慧火花定能光芒四射。

二、教育的智慧源自教师厚重的底蕴

　　有人说，没有崇拜就没有教育。跟崇拜自己的学生在一起，教书育人的氛围一定会和谐温馨。细雨绵绵也好，雷霆大作也罢，都能共沐春风。作为教师，本事越大，师德越高尚，对学生的影响、启迪越大，赢得学生崇拜的砝码就越有分量。于是，于老师为了增加自己被学生崇拜的砝码，努力学习"十八般武艺"。几乎所有的星期天、节假日，于老师都与书相伴，尤论到哪儿去，带的第一件东西就是书。看书之余，于老师还潜心习京胡，唱京戏，练书法，弹月琴，弄诗文……中国有句古话叫"艺多不压身"，胶东半岛有句话叫"谁也说不准哪块云彩会下雨"，丰厚的底蕴使于老师在教学中总是游刃有余，在课堂上如沐春风，呼风唤雨。他常常在学生启而不发时挥笔速写，勾勒出一幅栩栩如生的图画，图文结合，使教学内容深入浅出；他常常在揭示课文深奥主题时给学生来个乐器伴奏，用歌声把学生带到一个美妙的境界，起到画龙点睛之笔；他常常在学生构思作文结构皱眉摇头时，写"下水文"让学生如醍醐灌顶，茅塞顿开。当然，除了多才多艺，于老师还用爱心和尊重，耐心与责任锻造自己：后进生考试不及格流泪时，于老师会悄悄为他拭去泪水；犯错误的学生走进办公室，于老师会为他搬把椅子让他坐在自己侧面与其促膝谈心；对学习有困难的学生于老师常常把书送到家里……

　　俄国著名教育家乌申斯基说："在教学工作中，一切都应以教育者的人格为依据，任何章程和纲领，任何人为的管理机构，无论他们说想得多么精巧，都不能代替人格在教育中的作用。"由此可见，教师的人格对学生的影响是多么重要。于老师凭着丰厚的底蕴、高尚的师德，赢得了千万学生的心。作为一名老师，应该练出自己的绝招，一手漂亮的粉笔字会让学生啧啧称赞，声情并茂的朗诵会把学生引入美好的境界，时不时和学生一起唱两嗓子会让学生欣喜不已……有绝招的老师常常会用睿智点亮学生智慧的火花，让课堂充满灵动，使每一个学生都能用最灿烂的微笑迎接每一天太阳的升起，并最终成为一颗颗耀眼的星星。

做一个幸福而有尊严的教师

关于教育，美国斯坦福大学诺丁斯教授有这样一个观念：幸福既是教育的目的，又是教育的手段。做了几十年的教育，对这句话的感触越来越深，越来越感觉，教育就是理解幸福、发现幸福、感受幸福、创造幸福的过程，就是塑造美好人生，让所有与教育有关联的人生活得更幸福！所以，新的学期，我们要树立这样一个美好的愿景。

一、教师的幸福来自对孩子、对教育的那份爱

苏霍姆林斯基在他的著作《怎样培养真正的人》中有这样的观点：教师应当拥有巨大的热爱人和无限热爱自己的劳动的才能，只有热爱孩子，热爱自己的职业，热爱自己的劳动，才能长年保持精力充沛、头脑清晰、印象清鲜、感情敏锐。假若一个老师不具备这些品格，那么他的劳动就会变为苦难。其实，这就是我们常说的乐此不疲。

读苏霍姆林斯基的文字，我们能强烈地感受到他对孩子、对教育始终如一的挚爱，他总是用爱的目光去观察孩子，从孩子的视角去理解孩子，

以研究的态度去洞察和把握教育的本质和规律。在他的世界里，教育是那么美好，他是那么享受教师这个工作。读他的教育故事，就像聆听一个个美丽的童话，神奇而又真实。他就是一个为教育而生、为孩子而做教师的人！在他看来，教育是快乐的、充满情趣、充满期待、充满幸福的。说到底，是他对孩子、对教育的这份爱让他体验到了职业的幸福。

其实，所有成功并有成就的教师或教育家都是首先因为对教育、对孩子的喜爱。1986 年，著名语言学家张志公先生，曾拍案赞叹被评为人民教育家的于漪老师教书简直教得着魔了！"着魔了"三个字，可以说是道尽了于漪老师如痴如醉的教育人生。李吉林老师，在座的语文老师应该都比较熟悉，当代教育名家、情境教育的创始人，也是一生挚爱孩子、挚爱教育，孩子在李吉林的心中有着特殊的意义，那不仅仅是她的教育对象、研究对象，更是她智慧的源泉、心灵的寄托。在她看来，和人世间最稚气的儿童生活在一起，是最大的幸福。数学特级教师吴正宪认为：作为现代教师，要用心去感悟青少年的每一丝变化，让每一位青少年都能体会到教师的爱。教师要用真心去抚爱孩子，用智慧去启迪孩子，用人格去感化孩子，用权威去约束孩子，使每一个孩子不仅有知识，更有思想；不仅有文化，更有品位；不仅有个性，更有魅力。

作为教师，小而言之，我们是学生生命中的重要他人，学生在学校里过的什么日子，是由我们决定的，学生将来会长成什么模样，也极有可能是我们决定的。一个普通的孩子，在一个有境界、有方式的教师的引导下，所有的潜能都能得到呈现，人生就会因此大放光彩。大而言之，我们能改变一个区域、一个国家、一个民族甚至一个世界的方向和未来。尽管我们每天很忙很累，但是我们面对的是天真烂漫、生龙活虎的孩子，跟孩子们在一起，每天都会发生很多既让我们头疼又让我们开心、快乐的故事。我们要用心享受这份事业，用心过好在课堂、在校园的每一天，让每一天都成为我们生命中最有价值、最充满诗意，也最充满挑战的一天。这样的话，就是我们做教师的幸福。北京十一学校原校长李希贵有一句振聋发聩的话语：当你为了学生，整个世界都会为你让路。

去年，魏存智书记饱含真诚、载满期待地为我们推荐了马修斯的儿童哲学三部曲，语重心长地为我们写下了"教师是学生的老师，同时也是学生的学生""学会与儿童对话，就是与儿童哲学的思想交锋与智慧碰撞""把自己修炼成一本视角独特的《童年哲学》"的赠言，期望我们能以更尊重的姿态守护孩子的金色童年，把尊重学生、发现学生、发展学生、提升学生作为自己的第一要务，让最好的教育从我们手中真正开始！

二、教师的幸福来自自己的视野、格局和情调

古今中外的教育家之所以千百年来受人尊重，教育思想源远流长，是因为他们对教育、对孩子、对人生意义和价值的深刻认识、准确把握，是他们耀眼的人性光辉、高尚的人生追求和高雅的审美品格，而不单单是他们在学术上的成就和贡献。比如，苏霍姆林斯基认为：教师的智慧是照亮前方，教育的终极目标不是传授知识，不是培养能力，而是让每一个孩子都能幸福地度过自己的一生。在教育准则上，陶行知先生坚持道德至上的教育原则，奉行"千教万教教人求真，千学万学学做真人"的教育箴言。于漪老师有这样的教育信仰："一辈子做教师，一辈子学做教师，课堂里，我一个肩头挑起了学生的现在，另一个肩头挑着民族的未来；今天的教育质量，就是明天的国民素质。"这样的高瞻与深刻，来自他们广阔的视野、高远的格局和格调。

大家熟知的《井底之蛙》，就是以故事的方式将视野的价值和意义寓意其中：只有跳出井底，站到"井沿"上，才能瞭望天空、远方和整个世界。对教师而言，打开视野，就是既要基于学科，又要超越学科，确立大学科视野；就是既关注学生的成绩、成才，又关注学生的成人和成长，确立大教育视野；就是基于教育，又要超越教育，确立大生活视野。

有人说，一个人的格局决定自己的人生结局，是很有道理的。我认为，影响一个人格局的重要因素是自己的价值观，有什么样的价值观就有什么

样的生活格局，就有什么样的人生意义，就有什么样的发展格局。教师的格局，不能仅仅停留在学生的成绩和成才上，更要把成长、成人放在首位；教师个人的成长，不能只停留到专业性上，更要有教育理想、信念、使命和责任担当。这样，才叫有大格局，有了大格局，你发展的境界才会越来越高。

除了视野和格局，一个人的格调也很重要。什么是格调？即品位、深度和境界。从品位角度来看，教师首先应该追求道德品位，充分认识到作为教师，你的道德品位对社会进步的巨大影响，要不断提升自己的职业道德、社会公德和家庭美德，这些，是直接决定你的发展高度的。其次是文化品位、理论品位、审美品位。今天只谈审美品位。教师的审美品位主要体现在形象悦目、气质赏心、灵魂高贵，具体来讲就是穿着得体、精神焕发，言谈举止知性优雅，心地善良、思想丰富。学生听你的课，接受你的教育，是一种美的享受。

三、教师的幸福来自自己的职业尊严

电影《绿皮书》讲述了一个美国白人保镖托尼与优秀的黑人爵士钢琴家唐之间跨越种族与阶级的友谊故事。

影片中，因为托尼揍了警察而导致与唐一起被捕时，唐说出了最令人震撼的一段台词："暴力永远解决不了问题，只有保持尊严才可以，尊严才能战胜一切。"作为一个职业人，要想得到别人的尊重，首先要拥有职业尊严，这也是教师幸福感最主要的来源之一。

什么是职业尊严？给大家讲两个小故事：

> 一个理发店的老板，尽管他的店经营压力很大，但他从不向客人乱推销产品。他的理由是只有顾客满意了才能继续选择这家店，再说，我的职业是发型师，不是推销员。
>
> 著名音乐指挥家小泽征尔 75 岁被确诊患上食道癌，一度濒临死

亡。2016 年 10 月，这位身躯瘦弱的老人再一次站上舞台，指挥了一场震撼世人的演出。演出结束的时候，小泽征尔对记者说：现在我的肚子里装满了药，整个身体里都是抗生素，但只要能重返舞台，就是我最大的幸福。

听了这些故事，大家是不是有一种肃然起敬的感觉？从这些人身上，我们看到了他们对自己职业的忠诚、热爱和全情投入，这就是他们的职业尊严。电视剧《我的前半生》里贺涵说了许多金句，其中有一句我印象特别深刻，他说："尊严不是别人给你的，是你自己去争取的。"

尊严，说得通俗一点，其实就是我们常说的面子。作为老师，我们是知识分子，知识分子是最要面子的，我们所有的努力，就是为了让别人、也让自己看得起自己。这就是我们常说的被尊重和自我价值的实现。

心理学家马斯洛提出的需求理论认为，人类需求像阶梯一样从低到高按层次分为生理需求、安全需求、情感和归属需求、尊重需求和自我实现需求五个种类。被尊重和自我实现就是人最高级的需求。

很喜欢这样一句话：年轻时的付出，除了养家糊口，除了诗和远方，还在为自己储蓄一份尊严。

这个世界很现实、很公平，有怎样的付出就有怎样的回报，有多少付出就会有多少回报。在需要付出、需要奋斗的时候，不想付出，不去付出，总有后悔的时候，自然，职业的尊严和幸福就不会最大限度地被满足。

四、教师的幸福来自自己的主动成长

美国有一个规定，凡是"师"字级的工作，例如医师、会计师、律师、教师等职业，每年都必须再进修一定时间的课程。如果没有进修，该年执照就会暂时被冻结，修完课程才能再开始执业。这是很有道理的。尽管我们国家没有这样的规定，但是我们也要有这种危机感，因为教师的职责是在学生成长的某一个阶段参与他们的成长，我们做老师的不成长，怎么引领学生的成长呢？这是从职业要求来讲的。事实上，每个人的成长，不仅是一种职业要求，更应该是主动提升生命价值的基本状态。因为任何人，从事任何一种职业，首先要把自己作为一个社会人，其次才是一个职业人。所以，教师的专业成长，首先是为了自己能更好地适应和胜任自己的工作，从而让自己拥有更充实、更有意义的生活，不断提升自己教育生活的价值感、幸福感。换一种说法，为了改善和提高自己的日常生活质量，我们需要不断提高自己的基本技能、生活情趣和整体修养；为了胜任和提升自己的教育教学工作，我们需要不断提高自己的专业素养、专业能力和专业精神。一句话，教师的专业成长归根结底，还是为了自己。我们必须有这种觉醒，这样你就会有主动成长的意识和迫切愿望，我们教书育人的工作就会变成一件很快乐、很有价值和意义的事情。

所以，请拒绝把"成长"作为"任务"完成的"被动成长"！成长，是教师主动提升生命价值的基本状态，作为教师，要永远保持成长的姿态！不断成长的教师才是幸福而有尊严的。

我们的办学理念是享受教育，就是期待大家能转变心态，以享受的态度去工作。这样，你就多了一双发现的眼睛，你就多了一份快乐的心情，你就多了一股创造的激情，你就多了一种生活的诗意。慢慢地，你会惊奇地发现：幸福从此熙熙攘攘……

不断修炼成长力

——在张丽华"真人图书馆"活动上的总结发言

今天，我们在这里用心阅读了丽华老师这本既厚重、多彩，又独具特色的书。我感觉大家都深受感染和感动。所以，让我们再次用热烈的掌声感谢丽华老师。

说到丽华老师，我首先想到的一个词是"不可替代"。我对"不可替代"有两种理解。

第一种是卓尔不凡，卓越、伟大得不可替代，像那些伟人、科学家、文学巨匠，还有像那些能创造出巨大财富的人物，从创造的价值上来衡量，他们也是不可替代的。

第二种理解是特别得不可替代。意思就是说，这个人在某个阶段、某个集体，有一种其他人所没有的特质，或者说是特长，在某些方面是不可替代的，是这个集体中不可或缺的核心人物、关键人物。

当然了，我今天所说的丽华老师的不可替代，是第二种理解。

大概是去年这个时候，其他一个行政单位想把丽华老师借调过去。我听说以后，心里咯噔一下，第一反应是，实验小学怎么能没有丽华老师呢！如果学校最近再有重大的活动，谁来主持，谁来解说、配音呢？我们的春节大联欢谁来压轴儿独唱呢？学校的吟诵，准确地说应该是"吟唱实验"

谁来搞呢？所以，特别不舍得。好在丽华老师也舍不得给了她广阔成长平台的实验小学，毅然决然地没去，真好！

在企业界有这样一种说法：一个人的收入和社会地位跟他的不可替代性成正比。所以，有人就说，不要做一个单纯优秀的人，还要做一个不可替代的人。

其实我觉得，这里的不可替代，既可以理解成有自己的特长、绝招，在某些方面或某些领域做得特别突出，与众不同、无人可及，还可以理解为有创造力、凝聚力和执行力。这就是我对不可替代的第三种理解。我们的丽华老师同样具有这样的特质，什么时候给她安排任务，不管是主持还是配音，不管是演出还是上展示课，她总是欣然接受，创造性地完成。平时，不管是从她的言谈举止，还是看她在学校微信群里发的一些评论和感悟，都能感受到她对实验小学这个大家庭的那种真实、温暖、深厚的情感。我印象最深的是她在接受任务时总爱说的这样一句话："行，我喜欢做这个事！"

所以，我觉得，丽华老师就是我们实验小学这个优秀团队中众多不可替代、不可或缺的核心人物、关键人物之一。是我们实验小学这片美丽而奇特的生命的林子里那一棵有着独特美丽的树。

其实，教师作为一种传承教育的职业，无论社会怎么发展，科技怎么进步，都是一个不可替代的职业。

教师职业的不可替代性，主要体现在教师的专业性和专业标准上。要想进入这个不可替代的职业，必须达到"教师专业标准"，要想成为一个不可替代的教师，那就要努力超越"教师专业标准"，向"人无我有，人有我优"的目标努力，根据自身的特点和优势，锻造自己的个性风格，打造属于自己的教育教学品牌，做一个在某一方面不可替代的专家型的首席教师。比如语文老师，你的朗读水平很高，那就可以把朗读教学做出特色，你的字写得很好，那你就可以把写字教学作为自己的专题研究，你喜欢写作，就可以把习作教学作为自己的主攻方向。每个人都要找准一个突破口，打造自己的特色。作为老师，我们要培养全面发展、学有特长的学生；作为学校，我们要培养全面发展、教有特长、在某一方面不可替代的教师。

我们的丽华老师，能在我们这个集体中不可替代，当然不排除她自身的天赋因素，但是，比天赋更重要的，是她对教师职业、对教育事业、对实验小学、对学生、对工作的深沉热爱和尽心尽力。更重要的是，她永不满足，不断修炼自己的成长力，永远保持成长姿态的精神。不停地读书、写作、朗诵、演讲、歌唱、吟诵，不停地实践、研究、反思，让她在朗读教学、单元整组教学、群文阅读教学和吟诵教学上越走越远，也让她有了一次又一次勇敢的、华丽的转身和美丽的蜕变！最终成了实验小学这个优秀团队中众多不可替代、不可或缺的核心人物、关键人物之一。

我这里所说的成长力，其实指的就是教师自我发展、自我教育的能力。

德国教育家第斯多惠在他的《德国教育培养指南》一书中强调，"凡是不能自我发展、自我培养和自我完善的人，同样也不能发展、培养和教育别人""教师只有诚心诚意地自我教育和发展，才能诚心诚意地去教育和发展学生"。

所以，成长力既是教师职业对每一位教师的基本要求，也是我们成为一个不可替代的教师的关键。那么，怎么修炼自己的成长力呢？一是读书学习，二是研究实践，三是反思总结。善于读书学习，善于研究实践，善于反思总结就有了成长力。有成长力的教师，会把时时、处处、事事都当成是成长之时、成长之地和成长之机。反过来，一个教师如果不读书学习、不研究实践、不反思总结，就是有意无意地拒绝成长。拒绝成长，随时就有被替代的可能，随时就有被替代的危机。

我们说，努力是一种态度，其实，成长也是一种态度。要想成长，从哪一刻开始都不晚，至少我们可以做到比昨天的自己更优秀。

所以，让我们都做一棵永远成长的不同姿态、独具特色的大树，或修颀，或挺拔，或粗壮，或灵秀，或浓郁苍劲，或拔节向上，大家长在一起，枝叶相连、根脉相通，就成了一片更大、更美、更加奇特的生命的林子！

向着太阳一起生长

——在刘艳敏"真人图书馆"活动上的总结发言

　　我们的真人图书馆活动，到现在为止，已经进行了三年多将近四年的时间，推出了近三十位最佳书友。这些书友虽然风格各异，但同样厚重、有内涵。今天艳敏老师这期"真人图书馆"，选取了一个非常独特的视角——如何处理好与同事、学生以及家人的关系。其实，对老师来讲，这是一个非常重要的问题。因为它关系到我们每天的工作生活的心情、情绪，工作效果和效率，影响我们的专业成长和职业幸福感，甚至会直接影响学生的身心健康。再者，从我们的职业特点来讲，作为老师，我们的目的是要促进学生各个方面的综合发展，这不是单靠某个人努力所能做到的，不仅需要所有任课教师的齐心协力，更需要家长、学生以及社会各方面的共同努力。

　　著名成功学大师卡耐基曾说过："一个人的成功15%取决于他的专业知识，还有85%取决于他的人际环境。"人的成功有这样一个方程式——人际关系次方：成功 =（努力 + 机会）人际关系，也就是说，同样的努力和机会，你的人际关系处理得好，成功的概率就高，否则成功的概率就低。$(1+1)^0 = 1$，$(1+1)^1 = 2$，$(1+1)^2 = 4$，$(1+1)^3 = 8$。可见人际关系所起到的重要作用有多大。

下面我仅从教师之间的交往谈谈自己读艳敏这本书之后的感悟。

从艳敏老师这本书里，我读到了她对同事那种发自内心的尊重与欣赏，在同事面前，她总是以开阔的胸襟和善良的眼光对待自己的同事，那么谦和、友好，所以我们每天看到的都是艳敏老师温暖的笑容。全国优秀班主任任小艾曾说过这样一句话："恨一个人，就是在自己心里钉一个钉子，是自己惩罚自己，自己折磨自己。"想想也是，如果你心中装着某一个"仇人"，这个"仇人"又是你的同事，不但你一想起就郁闷甚至"气不打一处来"，而且还低头不见抬头见——天天如此，真是痛苦啊！

《我的教学勇气》对教师之间的相处也有这样的论述："人总是要处在某个集体之中并在集体中成长。如果集体里面的成员能够互相赞赏，合作解决问题，有着共同价值观和相互尊重的关系，就能促成每个成员意气风发地发挥最大作用。"

我觉得，我们学校就是这样，每个人都在意气风发地发挥自己的最大作用。这就是大家相互赞赏、团结协作所带来的效果！

其实，就像一棵大树不能远离森林一样，一个成才的人是不能远离自己生活的这个群体的。芸芸众生，我们能有缘在一起工作，就像是组成了一片生命的林子。只有大家目标一致，为了一缕的阳光，为了一滴的雨露，都奋力向上生长，才都有可能成为栋梁。

所以，让我们珍惜这份缘分，向着太阳，一起生长！

换喙拔毛，重新飞翔

老鹰是世界上寿命最长的鸟类，它的寿命可长达七十多年。

不过要活那么长的寿命，它在四十岁的时候，必须做出一个困难却又非常关键的决定——换喙拔毛，重新飞翔。因为此时，它的爪子因岁月开始老化，无法有效地抓住猎物。它的喙因年龄也渐渐变得又长又弯，几乎碰到胸膛。而它的翅膀也因为羽毛长得又浓又厚，所以变得十分笨重，也使得飞翔非常吃力。这时候的老鹰只有两种选择：一是等死，二是十分痛苦地重生。

很多老鹰因为没有选择重生，在四十岁的时候因得不到食物而饿死。而另一些老鹰却勇敢地选择了重生。为此，它必须在悬崖上筑一个特别的巢，并且留在那里，不得飞翔，进行长达一百五十天的痛苦重生过程。在这痛苦的一百五十天里，老鹰首先用它的喙天天敲击岩石，直到完全脱落，然后等待新的喙长出来。接着，它再用新长出来的喙，把原来的爪子，一根一根地拔出来。然后当新的爪子长出来后，再把自己身上又浓又密的羽毛一根根地拔掉。五个月后，新的羽毛长出来了，老鹰又能像年轻时一样傲击长空，再过三十年展翅翱翔的岁月，开始老鹰的第二次生命。

初次听到这则故事时，就有一种如锤击背的震撼感觉，小小故事中蕴含着的丰富哲理，犹如一面照亮心灵的镜子，凌乱的思绪顿时清醒起来。

对于一只老鹰来说，无论是它的喙、爪子还是它的羽毛，曾经都是它赖以生存的利器。但是，随着时间的推移，这些利器也逐渐老化而成为它继续生存的羁绊和负担，它也因此黯然失去了往日的威猛。于是，它勇敢地选择了痛苦的重生，开始了自己的第二次生命。

我不由自主地联想到了我们教师的专业发展。教师的专业发展历程一般是这样的：

职业成长期：1—8 年

高原期：8—15 年

转变期：15—18 年

成熟期：18—25 年

稳定期：25—35 年

消退期：35—

由此可见，教龄在 8—15 年的教师自然而然地会步入专业生涯的高原期。如果不突破这一瓶颈，平稳度过转变期（15—18 年），教师的专业能力则会停滞不前而逐渐消减，教师也很难迎来第二次专业发展。有研究证明，只有不到 20% 的老师能勇敢地跨越这一高原期，进入成熟期，成为专家型教师。

如何突破瓶颈，平稳度过关键的转变期？教师的专业发展也面临着"老鹰换喙拔毛"的痛苦抉择。

教师在步入高原期后，年龄一般在 35—40 之间，这一时期，由于事务不断增多精力却渐渐消减，许多教师自叹无奈，放弃学习和提高；年复一年平淡无奇的工作，追求教育理想遭遇的坎坷，让一些教师滋生出厌倦或者沮丧的心态，从而拒绝学习和提高；还有一些教师，积累了比较丰富的经验，具备了一定的理论素养，取得了小小的成就，便沾沾自喜、自满自足，轻视学习和提高；由于职称已经到顶，工资收入也处于较高阶层，所以大多数老师产生了心理上的满足感。另一方面，因为权衡当前的工作状况，认为即使自己再努力，也"没戏可唱"了（什么教育教学评比都将与之无缘，更高的职称、更高的荣誉、更高的职位更是渺茫无望）而没有了更高的追求目标。于是，很多教师在这个时期产生了"工作轻松就好，健康最为重要"的思想，完全失去了追求卓越的工作欲望，更缺乏创新进取的内在驱动力，甘愿自己的教育人生从此平淡而过。

诚然，教师在步入高原期后，确实会有很多的满足和无奈。比如，读有关部门组织的各类赛课、教育论文比赛的通知，经常可以看见参赛者年龄为35周岁以下的限定；看学校领导确定的外出听课、学习的人员名单，也总能感觉到对青年教师的"优先"；在各种教育报刊的名录中，也能找出鲜明的反差：有专门面向青年教师的杂志，绝没有为中年教师而办的报刊——找一个专栏都不大可能！

但是，透过老鹰重生的故事，我们不难发现，只要愿意付出代价让自己从头来过，一切便皆有可能！

年轻的老教师们，如果你不想平淡、平庸地度过35岁以后的日子，那就学学老鹰的浴血重生吧——把身上的懒惰摔打个粉碎，再把身上的安逸一片一片拔掉，最后再把无稽的借口一个一个无情地揭穿……

只要我们能有老鹰"换喙拔毛"的勇气，多些尝试，多些付出，就能搏击蓝天，重新飞翔！

让博学和睿智装点人生

——在学校《教育的力量》读书汇报会上的讲话

　　今天下午，五位老师带着对肖川教授的深深敬意和对《教育的力量》的思考沉淀，与我们进行了一次很有深度的真情交流。我想，大家听了以后，肯定也像我一样深受感动和启发。

　　的确，《教育的力量》这本书给了我们对教育的无限思考和遐想，它让我们的心灵受到震撼和荡涤，让我们的思想得到洗礼和升华。他那深邃的思想、亲切的语言、博爱的热情，都让我们久久地回味那蕴藏在字里行间的教育魅力。他让我们懂得了，教育是对人的成全，教育是面向心灵成长的活动，是师生精神生活的过程。他让我们知道了教育的力量来自对学生细腻而理智的爱；教育的力量来自教育的智慧和艺术；教育的力量来自先进的教育理念和方法；教育的力量来自对学生的严格要求和热情鼓励；教育的力量来自培养学生良好的学习习惯和浓厚的学习兴趣。书中的每一个文字，无不在表达这样一个内容：成为有思想的教师。

　　肖川教授认为："你真正的生命是你的思想，你的思想就是你的处境。""有思想会使得我们兴趣广泛，内心鲜活，积极地捕捉各种有意味的信息，会使我们的人际交流更有品位，使我们的生活，特别是精神生活变得丰富，使我们从琐屑、无聊的单调、平庸的生存境遇中摆脱出来，有一种'一蓑烟雨任平生'的超迈和豪阔。做有思想的教师，能够使我们更好地理解课程内容。有思想的教师，会对学生的心灵丰满和精神充实有一种自觉而又自然的引领。"

做有思想的教师，自己首先要学会接受思想，而接受思想最简单、最有效的方法就是读书。在读书的过程中去接受大家、名家的思想，在读书的过程中，与大家、名家的思想进行碰撞，在碰撞中产生思想的火花，在碰撞中深化自己的思想。读书不仅是一个积累学识、接受思想的过程，而且也是一个丰厚底蕴、产生思想、形成思想的过程。

读书是教师精神成长的重要源泉。教师读好书是指导学生读好书的前提，如果一位教师能把"让读书成为习惯"的思想理念植于心田，养成良好的、持久的读书习惯，那么，他的精神生活就会充满阳光，他的学生就会受益终身。

我们实验小学一直是一个崇尚读书的学校，让博学和睿智装点人生已经成了我们的追求，捧读经典，静心阅读已经成了我们的爱好，"腹有诗书气自华"是我们与众不同的最好阐释。

今天，我们举行读书交流会的目的，就是为了把读书活动进一步引向深入，让读书继续成为我们的习惯，让书籍继续成为我们成长的阶梯。

最后，我想借肖川教授《用心培育一个读书的民族》中的一句话与大家共勉：读书应该是我们的精神体操，我们应该以此来锻炼我们的思维，来丰富我们的认知，来保持我们内心的和谐。这样，我们的教育才能充满思想，我们的思想才能充满智慧，我们的生活才能充满人性的光辉，我们的心灵才能荡漾在博大、丰富、深邃、光明、温暖的思想之中。

把自己雕塑成大卫

　　说到这里，我就想到了意大利雕塑家米开朗琪罗创作的那尊名字叫《大卫》的大理石雕塑。这是一尊象征着鲜活生命和蓬勃力量的雕塑。据说这是米开朗琪罗用一块废弃的石材创作的，这个雕塑就是他自己心目中的少年英雄形象。目光那么专注，那么坚毅执着。全身都充满了无穷的力量，仿佛随时都可以爆发出来。在此之前，曾经有两位雕塑家用这块大理石进行雕塑，但都因为石料坚硬，还比较薄，没创作成。一个人问米开朗琪罗，您是如何创造出《大卫》这样的杰作的？他的回答很简单："我去采石场便发现了这块巨大的大理石里面的大卫，我要做的只是琢去多余的石头，去掉那些不该有的部分，这样，《大卫》就诞生了。"

　　由此，我们可以联想到人的成长，就是不断凿去那些限制和束缚自己发展的多余部分，也就是自己的弱点或缺点。其实，每一个人的内心深处都潜藏着一个卓越的自己，我们所有人最初都是一块沉睡的大理石，但大理石里面本来就潜藏着一个卓越的大卫。我们要做的就是不断地挖掘和雕琢，一点点地剥除外壳，剔除那些阻碍我们成长的弱点和缺点，当我们内心深处那个大卫渐渐显露出来的时候，我们便获得了成长，走向了卓越。

　　但是，这取决于两点。

第一，要相信自己就是大卫，要善于发现自己内心的大卫。李白说，天生我材必有用；爱因斯坦说，自信是向成功迈出的第一步；培根说，深窥自己的内心，而后发觉一切的奇迹都在你自己。自信，是成长的前提，如果自己都不相信自己，最后也只能是一块普通的石料。

第二，不要等待别人来发现和培养自己，而应该自己雕琢自己，完善自己。这里的雕琢和完善，就是通过每一天的备课，上课批改作业，和学生谈心，不断反思，不断阅读，坚持写作，把自己多余的部分及缺点和不足，一点点地剔除，不断地剔除，再剔除，最后将自己雕塑成一个精美卓越的大卫。学校给大家提供的各种培训、学习、研讨机会，给大家提出的各项要求，就是再给大家提供自己创作自己、自己雕塑自己、自己提升自己的途径。真心期待每个人能珍惜这样的机会，在各种机会的雕琢中，尽快把自己雕塑成一个精美卓越的大卫。

培训即点燃

一次培训，就是一扇窗户的打开，就是一场理念火苗的点燃。

2018 年 12 月，有幸赴湖南师范大学参加了为期六天的培训研修。这次培训与以往不同，是教师教育管理和骨干培训者的培训，其目的在于进一步提高我市教师教育管理者与骨干培训者的政策水平和业务能力，更新教师教育理念，加强教师培训质量管理，提高教师教育管理水平，有效地推进我市教师教育工作转型升级，提高我市教师培训工作质量，促进教师的专业成长。这样的培训，是濮阳建市以来的首次，足见市教育局对教师培训工作的重视。

关于教师培训，我特别欣赏并赞同芙蓉区教师进修学校李新奇老师说的那句话——所有的培训，只有结合自我反思、促进教师自我研修才会有效，因为培是为了不培。

教师的专业成长，是教师在整个职业生涯中，通过专门的训练和终身学习，逐步习得教育专业的知识与技能，并在教育专业实践中不断提高自身的从教素质，从而成为教育专业工作者的过程。也就是说，教师的专业成长受两方面的影响：一是外在的因素，即所接受的有计划、有组织的培训和教育，是培训教育者对教师的要求和期望；二是内在的因素，源自教师自我发展的愿望、需要。从这个意义上理解，教师的专业成长过程是在外在价值引导下的自主完善过程，二者缺一不可。按照唯物辩证法"内因第一，外因第二，外因必须通过内因而起作用"的理论，教师自我发展的愿望和需要是教师自我专业发展的内在动力。相对于一所学校，在对教师进行有计划培训的同时，如何激发教师自我成长的意识就显得尤其重要。这也更加坚定了我们学校依托"13131"校本研修模式促进教师专业成长的信心。

所谓"13131"，指的是一个机制、三条渠道、一个活动、三条主线、一种评价。

一个机制："双轨道三层级"主题性校本教研机制。第一个"三层级"：教科室—教研组—教师个体，参与人员是全体教师，目的是确保全员参与，托住校本教研的"底儿"。第二个"三层级"：研究所（院）—研究室—研究共同体，参与人员是学校聘请的各级专家和学校指定的骨干教师，目的是培养骨干，拔出校本教研的"尖儿"。

研究所（院）是为了强化老师们的研究意识，成立的校级研究机构，"十一五""十二五"期间分别成立了"濮阳市实验小学教育研究所（研究院）"。校长任所长或院长，各线副校长担任各研究室主任，各中层干部任共同体体长。主题性校本教研：强调在同一阶段，每个教研组织的研究活动要在学校研究大主题的引领下有计划、有程序地进行。

为了确保机制正常运行，我们制定了相应的运行规则：各研究组织每周要进行一次不少于两小时的研究活动；学校每两周组织一次"享受教育论坛"；每学期举行一次大型的课堂研讨展示、评议活动；各教研组每周都要进行一次"有主题、有目的，重反思"和"共享"的异步授课活动。

三条渠道：自主研修、同伴互助、专家引领。在自主研修方面，我们主要是以教师专业发展"6+1"活动来促进，让读书、研究、反思成为习惯。同时，以学习研究共同体和三级名师工作室建设来实现同伴互助。截至目前，老师们根据共同的志趣爱好组建了三十多个学习研究共同体，还有二十九个省、市、校级的名师工作室。每学期，他们都围绕一定的主题，通过不同的活动方式（例会式、随机式、约请式、网络式）定期开展学习、研讨、交流活动。在专家引领方面，主要依托学校的导师团来提升教师理论和实践水平。导师团主要有两部分人员组成，一部分是学校聘请的校外的知名专家，一部分是校内的各级名师。每学期初，学校都要根据各个层面教师的需求，开列针对性强的"培训菜单"，并制订培训进度和计划，从多个层面、多个维度对老师进行培训。

一个活动：异步授课。我们坚持各学科各教研组每周的"异步授课（磨课）"。"异步授课"强化的是教师的反思和共享，引领老师们进行课例专题研究，通过磨一节而磨透一类，不断发现教学的一般规律。活动由教研组统一安排，组内教师轮流进行、集体评议。每学期，每人围绕主题选定的主磨课不求多，只求精，一两课，两三课就足够了，贵在过程中的反复研磨、锤炼和反思感悟。学期末，要把自己最终的磨课成果，包括教材分析、教学设计（实录）、课件等，上传到教科室，供下一轮教师参考和借鉴。下一轮教师一定要在这些比较成熟的课例基础上，进行再研究，再丰富，再完善，从而使集体备课实现真正意义上的螺旋式上升。

三条主线：享受教育课题研究、校园文化建设、校本课程开发。首先是通过享受教育课题研究，引领老师们转换视角看教育，营造环境润教育，专业引领品教育，学习创新赏教育，超越自我悟教育，以享受的心态和研究的态度去工作，培养老师们创造和传播快乐的能力。通过开展"幸福在实小"系列活动——新年诗会、春节大联欢、节日祝福、生日祝贺等，让老师们体验在实验小学工作的幸福和快乐。通过开展"真人图书馆"活动，让有专业优势或学术专长的教师享受职业的成就感和价值感。

其次是通过建设以"水"为主题的校园文化，将水的精神品质践行到学校管理和教师的教育教学工作中，着力打造水性教育力。在管理上，学校以系列主题活动为载体，比如感动校园人物评选、最具成长力教师评选等活动，不断增强教师的责任心、使命感。让"特别有责任，特别勇吃苦，特别敢担当，特别乐奉献，特别善创新，特别能出彩"成为工作常态。

最后是引领教师们积极开发校本课程，丰富学生的学习内容，改变学生的学习方式。提高教师工作的自豪感和成就感。

一种评价：专业发展评价激励机制。主要是采取多元多维评价的方式对教师的专业成长进行评价，让教师找到成长的自信和愿望。

"13131"校本研修模式带来的不仅仅是教师和学校取得的一些显性的成绩，更重要的是对教师精神唤醒的过程，是教师教育艺术和学校内涵品质的提升。目前，研究、反思、不断创新常规工作已经成了教师们的常态。

苏格拉底说："教育不是灌输，而是点燃火焰。"教师培训也是如此。让我们一起努力！